AF257002

LA LUZ

>A TRAVÉS DEL UMBRAL<

LA RAZÓN-LA FE-LO SOBRENATURAL

Dr. Francisco A. Urraca F.

COPY RIGHT ©2018 Francisco A. Urraca F.
All rights reserved.
ISBN-13: 978-1790188109
ISBN-10:

www.amazon.com
Kindle e-Books

<u>DEDICATORIA</u>

A mi hermano Victor Alfonzo,

por quien he volcado en este libro

mis pensamientos y parte de mi vida;

y donde he narrado experiencias.

He tomado su propio ejemplo de vida;

el mismo que he pretendido seguir

y que lo seguiré haciendo,

hasta que me corresponda

cruzar el umbral de la luz.

CONTENIDO

INTRODUCCIÓN 13

   LA LUZ 13

I 19

LA RAZÓN-LA FE-LO SOBRENATURAL 19

   LA RAZÓN [1] 20

   LA FE [2] 23

      Acto de fe o relajación 27

   LO PARANORMAL O SOBRENATURAL 28

   CORRELACIÓN ENTRE LA RAZÓN, LA FE Y LO SOBRENATURAL 30

      ¿ Continúa la vida al pasar el umbral ? 33

   LA MUERTE Y LA VIDA [5] 34

      Para la Ciencia 36

      Para la religión 37

      Para la Metafísica [6] 38

   EXPERIENCIAS CERCANAS A LA MUERTE 40

   (ECM o EUM -Experiencias en el Umbral de la Muerte-) 40

      Conciencia o Consciencia 43

      Las ECM y la Ciencia 44

II 51

MI REVELACIÓN 51

   LA LUZ A TRAVÉS DEL UMBRAL 51

   LA LUZ 54

      Relámpago de Vida 54

MI EXPERIENCIA SOBRENATURAL 55

El alma y el cuerpo: dimensiones separadas, pero juntas 60

Cuarta Dimensión 62

El Tiempo 63

Lo Incógnito: "convivencia espiritual" 64

III 67

LAS DOS CARAS DE LA SALUD 67

MEDICINA Y CURANDERISMO 67

LA MEDICINA COMO CIENCIA 67

MEDICINA ALTERNATIVA 70

EL CURANDERISMO 71

MIS EXPERIENCIAS COMO MÉDICO PEDIATRA 74

"La paz comienza con una sonrisa" 75

DE LA MANO DE DIOS 78

Caso Clínico: Curanderismo o "Magia Blanca" 78

PENSAMIENTO MÁGICO 82

Lo inexplicable y el pensamiento mágico: brujería 87

Caso Clínico: "Magia Negra" 88

IV 93

AFRONTANDO LA VIDA 93

El "SÍ" y el "NO" 93

ACTITUD POSITIVA 93

CÓDIGO DE VIDA 95

TELÓMEROS: reloj de la vida y determinante de nuestra salud 99

Sí o No, para el cerebro es siempre SÍ 103

La Ley de Atracción 106

Optimismo y Pesimismo 108

Resiliencia[4] 109

ANTE EL UMBRAL DE LA LUZ 110

Nuestro organismo y nuestra actitud hacia él 111

Caso Clínico: Actitud Negativa 115

Caso Clínico: Actitud Positiva 117

Irse en paz, hacia la luz 119

Tips, consejos sobre Actitud Positiva 120

Para meditar: Como Conclusión 126

INTRODUCCIÓN

LA LUZ

Ahora, ya en la etapa cumbre de la vida en la que el ser humano ha alcanzado su máxima aspiración, el de llegar a una edad que nos permita apreciar los frutos de nuestra siembra pero con las facultades físicas y mentales de poder gozarlas, uno no deja de valorar las experiencias buenas y malas ya pasadas. Pero la vida sigue brindándonos experiencias que no hacen más que incrementar nuestras inquietudes sobre lo que somos; mas aún a uno que como yo tomó la decisión de estudiar Medicina a fin de intentar encontrar explicaciones primero a dos hechos que impactaron mi vida a una temprana edad: una, la extraña y nunca llegada a explicar paraplegia de mi madre y la otra, mi revelación, experiencia que bien me atrevería a llamar sobrenatural. Pero como no hay primera sin segunda, dicen en mi país, ya en mi etapa de Médico y como Pediatra me tocó vivir otras experiencias y me atrevería a afirmar de naturaleza sobrenatural, frente al lecho de muerte de algunos pacientes y allegados; y como si esto fuera poco lo más impactante en mi vida (muy por encima de mi propia experiencia con lo sobrenatural), fue lo acontecido a una de nuestras hijas en su temprana edad de 1 año de edad. Dios le permitió una segunda oportunidad para cumplir con una misión, que hoy en día siendo una brillante profesional de la salud con tres lustros dedicados a velar por sus pacientes; cumple tal designio divino con una abnegación inagotable, que la ha hecho alcanzar en su campo profesional un gran rango.

Estas manifestaciones enexplicables y fuera de lo común, por su complejidad, me llevan al intento de presentarlos en capítulos separados a fin de hacerlos lo más comprensibles posible. Las circunstancias que me motivaron a escribir sobre un tema tan controversial puso en prueba mi conocimiento médico y mi vocación cristiana, sin llegar a producir en mí ninguna nueva duda, mas bien hallé explicaciones a algunas; tampoco encontré en todo ello incongruencia entre la ciencia y la fe.

Durante mis estudios universitarios médicos y a través del ejercicio profesional, hasta esta etapa de mi vida, aún no encuentro respuesta a estas inquietudes, médica ni científicamente. Solo la fe es mi apoyo a fin de entenderlo y aceptarlo. Y estoy convencido de que muchas otras personas han pasado y pasarán por ello en algún momento de sus vidas. Hacia ellos va orientado esta obra. Más, ahora motivado a escribir, para lo cual la disposición de tiempo me lo permite y aprovechando la accesibilidad a la internet para buscar fuentes de información científica, me encuentro con datos estudiados por profesionales y experimentados por personajes diversos.

Ejemplos de ello son: la obra "Vida después de la vida" -del Dr. Raymond A. Moody[1] - de Alabama y los trabajos de la Dra. Kubler-Ross.

La Dra. Elisabeth Kubler-Ross, de Illinois[2] , coincidentemente, con los trabajos del Dr. Raymond Moody, han dedicado sus conocimientos profesionales y tiempo a tratar de encontrar explicaciones a hechos sorprendentes como los acontecidos a mi persona, por decirlo, hasta en estos momentos de mi vida en que sentí el impulso de sentarme a escribir esta introducción, tras haberme despertado súbitamente a medianoche de un sueño profundo. La Dra. Kubler-Ross refiere que de quienes experimentan el umbral de la muerte sólo un 10% recuerda la experiencia al igual que muy poca gente recuerda sus sueños. Por medio de sus pacientes pudo descubrir que momentos antes de morir aparecen seres, que según los católicos son ángeles y para los investigadores "guías espirituales" que les acompañaron durante toda la vida, y que además, los moribundos son recibidos en el umbral de la muerte por su persona más amada. También aclara que las visiones cambian de acuerdo al credo que profesaran los pacientes tratados, aunque no es un tema exclusivamente religioso sino una experiencia relacionada con el amor mismo.

Era amanecer limeño de un Domingo (me encontraba en REM, en una fase 5) y mi REM[3] subconsciente me revelaba la figura de mi hermano fallecido justo hacía una semana, rodeado de una luminosidad muy intensa. Un Domingo atrás (6:00 a.m.) había perdido a mi hermano mayor, quien fue un padre para mí. Dios me permitió acompañarlo en sus últimos dos días en este mundo.

Como un reconocimiento al haber cumplido los setenta años de edad, a mi esposa y a mí, el Colegio Médico del Perú nos agasajaba con un viaje a Tarapoto (selva peruana); en la víspera de nuestro vuelo programado para el Viernes a las 8:00 a.m. y siendo las 9:00 p.m. del Jueves, recibí

---

(1) Dr. Raymond A. Moody (Jun 30, 1944-) tiene los doctorados de filosofía y medicina, además de ser psiquiatra. Fue el primer médico que estudió de modo sistemático los fenómenos de supervivencia a la muerte corporal, publicando el resultado de sus investigaciones en su éxito mundial de ventas "Vida después de la vida" (Life after life -1975-). Dirige "Teatro de la Mente" en el estado de Alabama, donde continúa su trabajo, y viaja por el mundo dando conferencias en torno a la muerte y sus fenómenos.

(2) Dra. Elisabeth Kubler-Ross, M.D. (8 de julio, 1926 – 24 agosto, 2004) siquiatra suizo-americano, pionera en los estudios de la cercana muerte y autora de libros, pionera en temas de muerte y el morir (1969), donde primero discutió su teoría de las cinco etapas de la muerte ("Kübler-Ross Model "). En 2007 en el salón de la fama de las mujeres nacionales americanas. Diecinueve grados honorarios y Docente en muchas universidades. Autora de 24 libros: sobre muerte y morir.
Estableció "Elisabeth Kübler Ross Foundation-Hospicio y cuidado paliativo pionero".

En determinadas páginas también incluyo algunos párrafos y gráficas cuyo contenido expresan ciertas explicaciones médicas y científicas a fin de hacer mas comprensible el tema a tratarse.

I

LA RAZÓN-LA FE-LO SOBRENATURAL

"La fe y la razón son dos alas con las que el hombre se eleva a la contemplación de la verdad".
Juan Pablo II - (Fides et Ratio)

La razón o intelecto tiene su lugar y debemos usarla en este mundo físico para tomar decisiones en la dimensión natural. Dios nos dió la razón con un propósito y es correcto usarla dentro del mundo natural. Pero cuando se quiere usar la razón en el ámbito espiritual, no funciona. La razón es una capacidad dada por Dios para operar en el mundo natural, pero conscientes de nuestra propia fe. La palabra fe proviene del latín "fides", que significa "creer". Fe humana es aceptar la palabra de otro humano, confiando en su honestidad, veracidad y conocimientos. Fe divina es cuando a quien creemos y en quien confiamos es en Dios.

Muchas verdades de fe son comprobables. Otras, como los misterios de fe, no lo son porque están muy por encima de nuestra capacidad de razonamiento, pero nunca son contrarias a la razón. Son verdades suprarracionales, porque están por encima de la razón, mas no irracionales.

Lo paranormal o fenómenos paranormales (compuesto del gr. παρά, pará, «al lado, al margen» y el adjetivo «normal») son ciertos eventos que, presentándose como sucesos psíquicos, físicos o biológicos, no tienen causa lógica aparente que pueda ser descrita por, al menos, alguna de las ciencias convencionales, como la física, la biología, la medicina o la química. Estos fenómenos son estudiados por la parapsicología.

Lo sobrenatural (latín: super, supra "arriba" + natura, naturalis "naturaleza") es el término utilizado para definir algo que se tiene como por encima, que excede o está mas allá de lo que se entiende como natural o que se cree existe fuera de las leyes de la naturaleza y el universo observable. Como sobrenatural se tiende a definir fenómenos que parecen o se suponen reales, pero que no se pueden explicar científicamente, por su propia naturaleza.

Hay verdades que son claramente evidentes, hay otras a las que llegamos por razonamientos, existen otras que las conocemos por nuestros sentidos, y unas que nos son comunicadas por otras personas. Hay también unas que nos son comunicadas directamente por Dios. Estas verdades divinas no son todas tan evidentes y requieren un acto de nuestra voluntad, nuestra Fe. Es decir, para creer hay que querer creer. Podemos distinguir, entre la fe natural humana y la fe sobrenatural o divina. La fe natural, nos es necesaria para vivir. Los sentidos y la razón nos permiten llegar al conocimiento de muchas verdades materiales. Pero existen otras verdades que las aceptamos apoyándonos únicamente en la autoridad intelectual de los demás. Tenemos fe de que existe la Antártida, aunque nunca la hemos visitado, pero lo creemos porque nos lo explican que existe, la ciencia lo ha confirmado. Hay fe de que lo que comemos diariamente no está envenenado, aun sabiendo que son muchas las personas que han muerto envenenadas, porque si no, no podríamos comer tranquilos si desconfiáramos de todo. Esencialmente, no existe nadie interesado, en que no creamos que exista la Antártida, así como en convencernos de no comer pues lo que comamos esté envenenado.

La fe sobrenatural se distingue de la fe natural, esencialmente en que aquí, habrá siempre alguien que creyéndose mucho más inteligente que nosotros, estará interesado en querernos convencer que Dios no existe. La fe es aceptar y obrar en consecuencia, de la existencia de que existe otro mundo, para el que hemos sido creados, es este un mundo de realidades, que escapa a la comprensión plena de nuestras pobres mentes, y necesitamos ser iluminados por una luz sobrenatural no material, que no ilumina nuestros cuerpos sino nuestras almas. Es esta una luz, que solo pueden captar los ojos de nuestra alma cada vez más, en la medida en que el desarrollo espiritual de nuestra vida íntima, vaya siendo cada vez mayor, y los ojos de nuestra alma vayan adquiriendo una más aguda visión de las maravillas de amar al Señor; de poder captar esa luz espiritual. Aquellos que en vida hemos experimentado el contacto con tal luminosidad, lo entendemos así. Es por eso que nuestro compromiso, nuestra misión, es el compartirlo.

LA RAZÓN [1]

La razón es la virtud que posee el ser humano para cuestionar, reconocer y comprobar conceptos, así como de deducir o inducir conceptos diferentes a los que ya se domina. La razón es regida por la lógica, pues, el razonar forja el pensar en búsqueda de la verdad no estableciendo verdades absolutas, sino por lo contrario, nos permite el descartar falsedades absolutas, que la razón identifica inequívocamente por contradictorias. Se acepta una verdad tras un lógico razonamiento.

Esto es filosofía. La razón y la ciencia van unidos, sin ciencia no hay razón y sin razón no existiría la ciencia. Se entiende por ciencia como un conjunto de conocimientos adquiridos en forma sistemática muy estructurados y susceptibles de ser articulados unos con otros; surge de la obtención del conocimiento mediante la observación de patrones regulares y estandarizados de razonamientos y de experimentación en ámbitos específicos.

La mayoría de las decisiones que tomamos a diario están basadas en nuestros instintos, y no en la razón. Solemos creer que la gente muy racional es muy inteligente, pero el buen o el mal juicio casi siempre depende del instinto y no precisamente de la inteligencia.

Generalmente, a lo largo de la historia se ha considerado que el razonamiento está directamente relacionado con el cociente intelectual (IQ). A éste IQ siempre se le ha dado más importancia, sin embargo, ésto no logra garantizar el éxito de una persona aunque el cociente intelectual de ésta sea alto, pues es necesario una clase de destrezas que aseguren su éxito y es en este momento cuando hablamos de la inteligencia argumental. Un argumento es la expresión verbal de un razonamiento. Capacidad para aprender o comprender. Suele ser sinónimo de intelecto, entendimiento, pero también es hacer hincapié en las habilidades y aptitudes para manejar situaciones concretas y por beneficiarse de la experiencia sensorial.

En psicología, la inteligencia se define como la capacidad de adquirir conocimientos o entendimiento y de utilizarlo en situaciones novedosas. Los psicólogos creen que estas capacidades son necesarias en la vida cotidiana, donde los individuos tienen que analizar o asumir nuevas informaciones mentales y sensoriales para poder dirigir sus acciones hacia metas determinadas. No obstante, en círculos académicos hay diferentes opiniones en cuanto a la formulación precisa del alcance y funciones de la inteligencia; por ejemplo, algunos consideran que la inteligencia es una suma de habilidades específicas que se manifiesta ante ciertas situaciones; pero que no siempre va acompañado de una correcta toma de decisiones, si no se ha razonado adecuadamente ante una disyuntiva.

"Todo comenzó a cambiar desde principios de la década de los setenta, cuando los psicólogos Daniel Kahneman y Amos Tversky llevaron a cabo una serie de experimentos que mostraban que todos, incluso las personas muy inteligentes, tendemos a la irracionalidad. En una amplia gama de situaciones posibles, según revelaron los variados

---

(1) Con extractos del The New York Times, 22 de septiembre de 2016. Por David Z. Hambrick y Alexander P. Burgoyne
David Z. Hambrick es profesor del Departamento de Psicología en la Universidad Estatal de Michigan, donde Alexander P. Burgoyne es estudiante de postgrado.

experimentos, la gente usualmente toma decisiones basadas en la intuición más que en la razón.

Sin embargo, a partir de finales de la década de los noventa, los investigadores comenzaron a añadir un giro significativo a esa opinión. Tal como el psicólogo Keith Stanovich y otros observaron, incluso los datos de Kahneman y Tversky mostraban que algunas personas son muy racionales. ¿Quiénes son estas personas más racionales? Es de suponer que son las más inteligentes, ¿cierto?. Falso. En una serie de estudios, el profesor Stanovich y sus colaboradores pidieron a muestras grandes de sujetos (por lo general varios cientos) que llenaran pruebas de juicios (sobre casos clínicos ya estudiados), además de someterlos a una prueba de coeficiente intelectual (IQ).

El hallazgo más importante fue que la irracionalidad (o lo que el profesor Stanovich llamó "disracionalidad") se correlaciona de manera relativamente débil con el IQ. Una persona con un IQ alto tiene las mismas probabilidades de padecer disracionalidad que una con un IQ bajo. En un estudio llevado a cabo en 2008, el profesor Stanovich y sus colegas presentaron a los sujetos ante ciertos problemas psicológicos y encontraron que aquellos con un IQ alto eran, en todo caso, más susceptibles de caer en la falacia de la conjunción.

Con base en estas evidencias, el profesor Stanovich y sus colaboradores introdujeron el concepto de coeficiente racional (RQ). Si una prueba de IQ mide algo como los caballos de fuerza de la inteligencia en crudo (el razonamiento abstracto y la habilidad verbal), una prueba de RQ mediría la propensión al pensamiento reflexivo: alejarse del pensamiento propio y corregir sus tendencias defectuosas.

También hay evidencias ahora de que la racionalidad, en contraste con la inteligencia, puede mejorar si se le entrena. Aún cuando hay escasas evidencias de que cualquier tipo de "entrenamiento cerebral" tenga algún impacto en la vida real sobre la inteligencia, puede ser posible entrenar a las personas para que su toma de decisiones sea más racional".

Pero el conocimiento racional es insuficiente por sí mismo para alcanzar la verdad; se necesita la fe para llegar a la verdad que demanda la razón humana. De ahí la necesidad de que colaboren razón y fe. La fe debe preponderar sobre la razón, ya que ésta es iluminada por la fe, y la propia razón ayuda a comprender. La verdad se transforma en una relación de confianza donde la fe acrecienta la inteligencia, y ésta hace razonable el encuentro con Dios.

Mientras que la razón es la creencia fundada en la lógica y/o en la evidencia científica, la fe generalmente es definida como cualquiera creencia que no esté basada en la evidencia y/o la razón, o como la creencia que no alcanza a ser entendida por la razón, ni mucho menos demostrada por la ciencia. Ante esta aparente discrepancia donde la fe y la razón parece que actúan, muy independientemente una de la otra, pero que subsisten con la convicción de contener más o menos un grado de conflicto, o de compatibilidad a la vez. El racionalismo sostiene que la verdad debería ser determinada por la razón y el análisis de los hechos, mas que en la fe, el dogma o la enseñanza religiosa. El fideísmo considera que la fe es necesaria, y que las creencias deben tener cabida sin la evidencia o la razón, pero con la convicción de que la fe y la razón no deben separarse ni confrontarse; al contrario, deben estar siempre unidas.

Para el fideísmo, la razón nos permite llegar a la fe, preparando el alma para comprender lo revelado; pero una vez llegado a la fe, la persona debe utilizar la razón para penetrar racionalmente en los datos que la revelación le proporciona. Aunque la razón nos abra el camino hacia la verdad, una vez que conocemos a Dios la razón queda supeditada a la fe. El camino hacia Dios por medio de la fe nos conduce hacia la luz de la razón y, gracias a ella, conocemos la verdad eterna, que es superior a nosotros mismos. Esta es la teoría platónica de la iluminación.

LA FE[2]

La fe implica tener confianza, buen y claro concepto de algo o de alguien, es decir, tener la seguridad, aseveración de que algo es cierto. La fe es la base de cualquier religión, sirve para animarnos a cobrar mas razón ante el análisis complicado de la ciencia. Consiste en creer en algo firmemente, no es fácil de modificar, es absoluta.

La relación del cristianismo con la filosofía viene determinada, ya desde sus inicios, por el predominio de la fe sobre la razón. Sin embargo, esa relación de dependencia de la razón con respecto a la fe será modificada sustancialmente por Santo Tomás de Aquino.

Tomás de Aquino, el Doctor Angélico Presbítero y Doctor de la Iglesia (1224 - 1274), nace en el Castillo de Rocaseca, cerca de Nápoles, Italia, proviene de una familia aristocrática, muy católica. Tomás de Aquino sigue en las líneas fundamentales el pensamiento de Aristóteles; pensaba: las personas están constituidas por una unidad de alma y cuerpo, en la que la primera es la forma-esencia (creada por Dios) y el segundo el elemento material. Pero Santo Tomás, como filósofo y teólogo cristiano necesita modificar esta teoría para dar cabida a la inmortalidad del alma

---

(2) Con extractos tomados de un artículo de: monografías.com,
Por Francisco A. Montas R.

y sustenta la posibilidad de que ésta exista temporalmente de forma muy independiente mientras el cuerpo muere, hasta la resurrección de los cuerpos. Por ello afirma que el alma es también una sustancia que por tanto puede existir sin el cuerpo. Pero su destino final y definitivo es complementarse con él y existir unidos.

Para Santo Tomás, el alma, como en Aristóteles, es única y en ella residen las tres funciones: vegetativa, sensitiva y racional. La racionalidad es el rasgo definitorio de la vida humana y por ello debe ser el criterio de la vida para poder alcanzar la felicidad y la dignidad humana. El comportamiento humano basado en la ética y la moral, tiene como meta el entendimiento, la voluntad y la libertad, lo que constituye la dimensión social de la vida humana.

Para Tomás de Aquino la filosofía se ocupará del conocimiento de las verdades naturales, que pueden ser alcanzadas solo por la luz natural de la razón; y la teología se ocupará del conocimiento de las verdades reveladas, de las verdades que sólo pueden ser conocidas mediante la luz de la revelación divina.

Ello supone una modificación sustancial de la concepción tradicional (San Agustina) de las relaciones entre la razón y la fe. La filosofía, el ámbito propio de aplicación de la razón deja, en cierto sentido, de ser la "sierva" de la teología, al reconocerle un objeto y un método propio de conocimiento. No obstante, Santo Tomás acepta la existencia de un terreno "común" a la filosofía y a la teología, que vendría representado por los llamados "preámbulos" de la fe (la existencia y unidad de Dios, por ejemplo). En ese terreno, la filosofía seguiría siendo un auxiliar útil a la teología. Esta distinción e independencia entre ellas se irá aceptando en los siglos posteriores, en el mismo seno de la Escolástica (principal movimiento filosófico y teológico en las escuelas y universidades medievales de Europa, que siguiendo el pensamiento de Aristóteles, intentó utilizar la razón para comprender el contenido sobrenatural de la revelación cristiana). La Escolástica se constituyó en uno de los elementos fundamentales para comprender el surgimiento de la filosofía moderna.

"La filosofía antigua toma la realidad objetiva como punto de partida de su reflexión filosófica, la filosofía medieval toma a Dios como referencia; la filosofía moderna se asienta en el terreno de la subjetividad. Son muchos los acontecimientos que tienen lugar al final de la Edad Media, tanto de tipo social y político, como culturales, religiosos y filosóficos, que abrirán las puertas a la modernidad. Las dudas planteadas sobre la posibilidad de un conocimiento objetivo de la realidad, material o divina, harán del problema del conocimiento el

punto de partida de la reflexión filosófica. El desarrollo del humanismo y de la filosofía renacentista, junto con la revolución copernicana, asociada al desarrollo de la Nueva Ciencia, provocarán el derrumbe de una Escolástica ya en crisis e impondrán nuevos esquemas conceptuales, alejados de las viejas e infructuosas disputas terminológicas que solían dirimirse a la luz de algún argumento de autoridad, fuera platónica o aristotélica. De las abadías y monasterios la filosofía volverá a la ciudad; de la glosa y el comentario, a la investigación; de la tutela de la fe, a la independencia de la razón".

Al entrar en la Edad Moderna, el hombre empieza a convertirse en el centro del universo desplazando de la posición centralista que, hasta entonces, había tenido la religión dentro de los debates del pensamiento. Como consecuencia, comienzan a aflorar diferentes corrientes filosóficas encabezadas por pensadores como Descartes, Locke, Hume, Kant o Hegel, que renovaron la concepción del mundo y la de humanidad. Con este nuevo período, los asuntos relacionados con la humanidad y la naturaleza de las cosas en general comienza a ser el tema sobre el que los filósofos debaten para, así, poder alcanzar la auténtica realidad. Se distinguen tres corrientes filosóficas dentro de la filosofía moderna comenzando con el racionalismo, pasando por el empirismo y terminando con el idealismo.

En la Edad Moderna el hombre, las cuestiones humanas y las naturales empiezan a adquirir una gran importancia dentro del debate filosófico; esto hace que los aspectos religiosos empiecen a formar un segundo plano pero sin llegar a desaparecer del todo. Este cambio viene dado por la nueva ciencia promovida por Galileo que aboga por una interpretación mecanicista de la realidad aportando datos seguros e indudables. Esta nueva concepción científica influye en las corrientes filosóficas donde empiezan a replantearse aspectos de sí mismos y de la realidad que puedan ser verificables y comprobados científicamente. Aparece la teoría del conocimiento o gnoseología. La realidad primitiva y medieval de la ontología (estudio del ser, en general y de sus propiedades) deja paso a una nueva corriente en la que se reflexiona sobre la realidad, no se da por hecho ni se acepta como tal, sino que se convierte en un objeto filosófico abierto al debate y al intercambio de opiniones.

Ahora los filósofos modernos empezarán a cuestionarse sobre nuestras capacidades sensoriales y cognoscitivas que nos permitiran comprender realmente nuestro entorno y relación humana.

Hasta la Edad Media, la verdad era todo aquello que era real: la naturaleza, el ser humano, etc. Pero en la Edad Moderna, esta concepción cambia porque la verdad ya no es lo que hay en nuestro exterior sino que, ahora, la verdad se encuentra en nuestra mente, en nuestro intelecto. Nosotros somos los que tenemos la propiedad del conocimiento y, por tanto, tenemos la capacidad de alcanzar la realidad suprema.

Surge el Racionalismo, actitud filosófica que confía plenamente en la capacidad de razonar del ser humano. Esta corriente nació en la Francia del siglo XVII y se difundió por toda Europa con una premisa básica: las ideas del pensamiento son la base de la realidad y no la información que recibimos mediante los sentidos. El autor principal de la filosofía moderna Racionalista fue Descartes que junto a otros pensadores como Spinoza y Leibniz consiguieron posicionar en una situación central al ser humano y su capacidad para poder pensar, reflexionar y razonar; lo que se recibe a través de los sentidos.

La corriente Empírica, palabra que procede del griego "empeiría" y que se refiere a la experiencia, aquello experimentado, se basa en la necesidad de la experimentación para poder conocer la realidad. Esta experiencia puede ser tanto de sentido psicológico, es decir, que vamos teniendo conocimiento a medida que tenemos experiencia, como epistemológico, es decir, que llegamos al conocimiento después de haberlo experimentado personalmente. Uno de los filósofos de la Edad Moderna empíricos que más destaca es Francis Bacon. Bacon defendía el razonamiento inductivo, es decir, lo contrario que los Racionalistas que defendían el deductivo; es necesario evaluar las pruebas, la experiencia, para poder refutar una tesis; las pruebas que se se nos presente pueden indicarnos qué probabilidad de veracidad tienen los argumentos propuestos y, por lo tanto, nos acerca a un mayor conocimiento de la naturaleza.

Para los empíricos no existe la posibilidad de que un argumento sea considerado completamente válido porque los datos que nos darán la experiencia siempre serán tratados como "probabilidades". Así, no se usa el término de verdad sino que aparece la fuerza inductiva, es decir, el grado de probabilidad que tiene una tesis de ser real. Sin embargo, Bacon no es el único empírico que nos dió la modernidad, sino que también cabe destacar a Locke, Bekeley y Hume que fueron los que dieron forma y sistema a esta corriente filosófica.

El Idealismo, se centraba en considerar que la realidad es algo mental, no existe en nuestro exterior y, por tanto, esta debe siempre explicarse como "idea". Se trata de un movimiento metafísico que considera que incluso el ser humano es una idea y, por tanto, la verdad que tanto estamos buscando no existe más que en nuestra mente. Esta concepción rompe totalmente con el realismo y, en parte, también con el empirismo siendo, así, una auténtica revolución en la historia del pensamiento. De los autores que defendieron el idealismo destacan Kant y a Hegel. Sin embargo, la filosofía de Kant, uno de los máximos representantes de esta escuela, es algo distinta a lo que se ha indicado; Kant sí contempla que existe un mundo exterior, independientemente al hombre; aunque, a diferencia de las otras corrientes, Kant cree que estos objetos son residuos del idealismo.

"Tras la filosofía crítica de Kant el Idealismo alemán se convertirá en la corriente predominante en la Europa continental, a través de Hegel. El existencialismo de Kierkegaard, tanto como el marxismo y el vitalismo de Nietzsche serán, en buena medida, una reacción al Idealismo hegeliano que, en cierto modo, consagra la identificación del yo trascendental kantiano con el Dios del cristianismo. En Gran Bretaña, el desarrollo del positivismo utilitarista con Bentham y J.S. Mill se inspira en los principios del empirismo, distinguiéndose del positivismo "idealista" del francés A. Comte; en ambos casos, no obstante, se da una preocupación por los temas sociales y por el bienestar de la humanidad que, aunque en una dirección distinta, compartirán con el marxismo. Por lo demás, el desarrollo de las ciencias y sus continuos éxitos hacen tambalear los cimientos de la filosofía, que se ve sometida a fuertes críticas por parte de los defensores del pensamiento científico, que encuentran en la ciencia el paradigma del conocimiento verdadero. Hacia finales del siglo XIX, al desarrollo del historicismo en Alemania, con Dilthey, y del pragmatismo en los Estados Unidos, con Pierce y W. James, hemos de sumar el desarrollo de la fenomenología con Husserl".

Se ha tratado de sintetizar la historia de la filosofía humana a fin de comprender mejor lo expresado hasta ahora y lo que viene.

Acto de fe o relajación

Las curaciones por fe, es decir, las que se realizan por medio de rezos, sin fármacos y sin control médico alguno, no son algo nuevo. Hace tiempo que existen dispersos por el mundo grupos religiosos, como es el caso de los pentecostales evangélicos y los carismáticos católicos, que practican no sólo la "sanación" del alma sino también la del cuerpo por medio de la imposición de manos sobre el cuerpo, generalmente la cabeza del creyente (práctica también antiquísima registrada, por ejemplo, en los escritos bíblicos). En realidad la fe, la creencia en algo o en alguien está muy arraigada en las acciones de la conducta humana diaria. Cuanto mayor confianza tengamos en nosotros mismos mayor será la seguridad en nuestro accionar en nuestro diario vivir.

Al margen de lo convencional y paralelamente a la medicina oficial, occidental y ortodoxa están los llamados curanderos, médico-brujos, hombres-medicina o chamanes y también los "cirujanos psíquicos". Muchos de ellos tienen relativo éxito en sus tratamientos, donde invocan a fuerzas "superiores", debido a su conocimiento tradicional de las funciones curativas de diversas plantas aborígenes y sobre todo a la fe que logran depositar hacia ellos sus pacientes que generalmente pertenecen a su mismo contexto cultural, y que por la incapacidad de pagar los altos tratamientos médicos, o también por la "descofianza" en el médico, requieren de sus servicios.

En muchas partes del mundo seres laicos, practican también la imposición de manos o toque terapéutico sobre los pacientes para curar sus dolencias. Sostienen poseer una energía misteriosa, que puede atribuírsele o no un origen divino, que hasta ahora la ciencia no ha encontrado ninguna evidencia de que exista. Pero a lo sumo lo único que causa esa práctica es cierta relajación psicológica. Tal relajación también podría ser lograda con diversa clase de objetos y prácticas como pasada de huevo, cuy, colocación de imanes, piedras, cristales, hierbas, pirámides, cubos, escuchar música suave (clásica o sintética, mística), sonidos repetitivos de objetos o voces (mantras), hipnotismo, masajes, caricias, susurros, ligeros toques sobre la piel, simple silencio, mirar al "vacío" o a un punto en el espacio, etc. Es decir para lograr un relajación no se necesita de nada "extraordinario" o de energías corporales misteriosas, simplemente el ambiente o la compañía que lo estimulen. Solo es cuestión de creer, de fe en algo.

Un estado mental relajado ayuda a afrontar mejor la enfermedad aunque no necesariamente la cura. Eso es claro. Pero ciertamente ninguna víctima severa de polio o ceguera, donde hay irreversible daño neuronal, es posible de ser curada por ninguna práctica.

He estado acotando párrafos, y lo seguiré haciendo, a fin de llegar a ser didáctico y dejar a libre decisión del lector para interpretar o concluir sobre lo escrito y por narrar.

LO PARANORMAL O SOBRENATURAL

Paranormal o sobrenatural es el término que se opone a lo natural, es decir lo que se percibe por nuestros sentidos, nuestras sensaciones, por nuestras construcciones abstractas.

Lo sobrenatural define a fenómenos que parecen y se creen reales, pero que no se pueden explicar científicamente, por su propia naturaleza. Al utilizar el término sobrenatural, comúnmente va mejor asociada a la frase "fenómenos sobrenaturales". Y hasta cierto punto, lo sobrenatural tiende a inclinarse hacia el contexto religioso, no así lo que se clasifica como paranormal.

Lo paranormal es el nombre, o adjetivo, que se utiliza para calificar aquellos presuntos fenómenos que contradicen las leyes naturales. Bajo ese término se suelen agrupar también las disciplinas que intentan estudiarlos. Una definición frecuentemente utilizada en la literatura científica es la de James E. Alcock (1981): *"Un fenómeno paranormal es aquel que no se puede explicar en términos de la ciencia actual; únicamente se puede explicar mediante una amplia revisión de los principios de base de la ciencia; o todo aquello que no es compatible con la norma de las percepciones, de las creencias y de las expectativas referentes a la realidad"*.

La inmensa mayoría de las justificaciones de los fenómenos paranormales se basan en "testimonios" más o menos numerosos de personas que afirman haber tenido experiencias extraordinarias, inexplicables. Pero, para la ciencia un simple testimonio nunca es prueba de nada. Diversos fenómenos estudiados en psiquiatría que tienen conexión con numerosas afirmaciones e interpretaciones paranormales, son testimonios en donde la mayoría de sujetos que lo narran son personas sanas.

Para dicha especialidad médica existen diversas razones: la principal es que cabe la posibilidad de que el testigo o testigos estén mintiendo por diferentes motivos; otra es que nadie es completamente objetivo al describir sus experiencias vividas, sobre todo si en esas experiencias se han mezclado sentimientos de gran carga emocional; también se considera que existen numerosos procesos psíquicos que alteran la percepción y/o rememoración de lo sucedido, por lo que impiden una correcta interpretación del suceso, o incluso sugerir que se fabrican sucesos que, simplemente, nunca han existido.

Por lo tanto, una correcta evaluación médica puede determinar que la personalidad del sujeto también influye en la percepción de lo ocurrido; se destaca dos tipos de personalidades que se enmarcan en este contexto: la "histérica" que suele vivir con gran emoción lo sucedido desproporcionando hechos sin importancia y la "mística" que se recrea buscando explicaciones sobrenaturales, espirituales o divinas, a cada uno de los acontecimientos de su vida.

El deseo vehemente de trascender la realidad cotidiana, que no pocas veces es difícil y dolorosa, la búsqueda de una certeza y esperanza "aliviadora" de los problemas económicos, sociales y los males del cuerpo y la mente, la dinámica contradictoria de la propia existencia humana o simplemente el aburrimiento cotidiano, así como la debilidad, descuido, ingenuidad, e incluso la ignorancia, empujan reiteradamente a mucha gente hacia lo mágico, lo paranormal, sobrenatural y/o supersticioso. Todo ello empeora mas aún si los medios de comunicación están al servicio de determinados intereses económicos y políticos al propagar hechos no fidedignos o ficticios referentes a lo paranormal, convirtiéndolo en una "mina de oro" o en una "cortina de humo" sin promover una razón crítica, un debido raciocinio, ni mucho menos la búsqueda del conocimiento científico.

CORRELACIÓN ENTRE LA RAZÓN, LA FE Y LO SOBRENATURAL

Sin duda el conocimiento racional (la razón), nos lleva a tener fe (natural) en lo que la ciencia nos explica y demuestra; y, por lo tanto, es mas claro que el de la fe espiritual, y por ello, hasta donde la razón llegue, ha de preferírsela. Esto no quiere decir que la fe espiritual sea antirracional, sino suprarracional, esto es, no opuesta a la razón, sino superior a ella y la sobrepasa (es sobrenatural). Pero si por su modo de conocimiento la razón, aparentemente, es superior, la fe la excede por su objeto: la infinitud de Dios, que supera cuanto la razón pueda alcanzar, porque lo finito no puede comprender adecuadamente lo infinito. El mejor ejemplo lo tenemos en la esencia y el conocimiento incompleto que se tiene mediante la ciencia sobre el infinito universo en que vivimos. La razón y la fe nos permite creer que el universo existe, pero su inmensidad y completo esclarecimiento sobre su origen, existencia y destino, se lo dejamos a lo sobrenatural.

La fe es pues un conocimiento real: nos permite conocer las verdades naturales y las sobrenaturales también. Desde que se tiene conocimiento de los primeros indicios de la existencia de la raza humana, al hombre siempre le ha inquietado saber más. De las muchas interrogantes que se le presentaron surge la Filosofía, disciplina que alcanza su máxima expresión en Grecia, hace más o menos 2,500 años. De acuerdo a su etimología Filosofía significaría "amor a la sabiduría" y al pensar de los griegos filósofos el saber supremo sería aquel que nos ayude a encontrar la felicidad. Es necesario aceptar que la Filosofía tiene que ver con la fe, porque la fe concierne propia e inmediatamente al entendimiento humano. En la Suma Teológica II-II, q.2, a.9 dice Santo Tomás que: *"creer es el acto del entendimiento que asiente a la verdad divina imperado por la voluntad, a la que Dios mueve mediante la gracia"*.

Los conocimientos filosóficos pueden ser considerados desde dos puntos de vista distintos: el primero tiene que ver con la relación de la Filosofía con los demás tipos de conocimientos y otro que tiene que ver con la estructura interna de la Filosofía que son las ciencias y los tratados de la misma Filosofía.

Por otra parte, la Teología es la ciencia de la fe. La Teología se esfuerza, con la ayuda de la razón, por conocer mejor las verdades que se poseen por la fe; no para hacerlas más luminosas en sí mismas, que es imposible, sino más inteligibles para el creyente. Los mejores teólogos han sido y serán siempre santos. Y en lo que respecta a la relación de la Filosofía con la fe y la Teología, podemos decir que la Filosofía limita con el saber superior de la fe y de la Teología y en su parte inferior con las ciencias humanas y las ciencias particulares o experimentales. En efecto, es la inteligencia la que tiene la facultad de aceptar o no aceptar una proposición. Pero en el caso de la verdad divina, esta no es evidente por sí misma y por lo mismo, el intelecto no puede aceptarla de una manera espontánea. Pero el hecho de que una proposición no sea evidente por sí misma, no significa que sea evidentemente falsa.

Un entendido en la materia sobre filosofía y fe es el médico cirujano mexicano Manuel Ocampo Ponce[3]. El Dr. Ocampo señala que sólo podemos creer lo que no es evidente por sí mismo, ni como verdadero ni como falso. Por eso la aceptación de las verdades de fe supone un impulso de la voluntad sobre el intelecto. De manera que creer es un acto del entendimiento pero querer creer corresponde a la voluntad, y como la fe católica va más allá de lo natural, es necesario que la voluntad sea movida por Dios mediante la gracia. Tanto la fe como la Filosofía tienen lugar en el intelecto, pero mientras la Filosofía se produce en el intelecto de una manera natural y humana porque su objeto son las cosas alcanzables a la capacidad de nuestro intelecto, la fe necesita la ayuda de que Dios revele esas verdades inalcanzables por la razón y que mueva por medio de la gracia a la voluntad para que determine a la inteligencia a creer. Lo anterior es porque el objeto de la fe son verdades que van más allá de nuestras capacidades y conocimientos científicos, por lo mismo no se nos pueden presentar como evidentes por sí mismas.

De aquí que sean tan distintos los fundamentos de la Fe y los de la

---

(3) *El Dr. Manuel Ocampo Ponce es Médico Cirujano, Licenciado en Filosofía, Maestro en Humanidades, Doctor en Filosofía y Doctor en Filosofía y letras con estudios de Licenciatura en Teología. Fundador y director de dos Facultades de Filosofía en México. Es Director de Planeación y Desarrollo del Centro de Estudios e Investigaciones en Bioética CEIB y Profesor Investigador en la Universidad Panamericana en Guadalajara Jalisco. Miembro Correspondiente de la Academia Pontificia de Santo Tomás de Roma y de la Sociedad Internacional Tomás de Aquino (SITA). Escritor y columnista en medios de comunicación de México e internacionales como NTN24 International.*

Filosofía, porque mientras la Filosofía se basa en la propia razón humana, la Fe se basa en la autoridad divina. De esto se sigue que la Fe y la Filosofía no pueden encontrarse en la misma persona respecto de una y la misma verdad.

Pero el problema es que no todo lo que se pretenda ser conocidopor la razón, es completamente conocido, por eso muchas cosas que no pueden ser conocidas por la razón, tenemos que buscarlas por la fe.

El Dr. Manuel Ocampo sostiene que no todos los hombres tienen la capacidad y no cuentan con el tiempo suficientes para dedicarse a especular filosóficamente, pero la salvación no es asunto sólo de los filósofos sino de todas las personas. También señala que hay verdades de fe que pueden servir a la Filosofía como base para extraer todas las conclusiones que se puedan obtener de esas verdades de fe; a esto es a lo que se llama teología sagrada o sobrenatural. La Teología sobrenatural se distingue de la Filosofía en que supone la fe. La Sagrada Teología supone la fe en el conjunto de datos revelados y la vivencia al creer esos datos.

La distinción entre la Teología Filosófica y la Teología Sobrenatural es que la Teología Filosófica tiene principios ciertos, racionalmente alcanzables y que son los que lo proporciona la Metafísica, mientras que la Teología Sobrenatural se apoya en la fe tanto en su sentido objetivo, es decir, en el conjunto de datos revelados, como en la vivencia subjetiva que resulta de creer esos datos. Ambas, tanto la Teología Filosófica como la Teología natural son verdaderas ciencias, cada una a su modo.

Pero la Teología filosófica sólo llega a Dios como causa última o primera de los existentes finitos. El filósofo no conoce a Dios más que como causa y de una manera indirecta que no le permite penetrar en su intimidad. Para que el hombre conozca la intimidad de Dios, es necesario y primordial que Dios se la revele. Por eso la Teología Sobrenatural parte del principio de la revelación y así llega a un conocimiento más profundo de Dios.

La Teología sagrada explota los datos revelados, los aprovecha para extraer de ellos sus consecuencias lógicas por medio de la Filosofía. En la Teología sagrada, la Filosofía es movida por la fe para la obtención de las conclusiones teológicas. Por eso lo que el teólogo pretende con la filosofía no es demostrar la revelación, sino sacar de ella todas sus consecuencias posibles.

Tales son las relaciones fundamentales entre la Filosofía (la razón), la Fe y la Teología (lo sobrenatural). Pero estas tres realidades con las que convivimos en nuestro diario vivir, se basan en el hecho de que el ser humano necesita creer en algo a fin de planificar o establecer sus metas a alcanzar; por lo tanto la Filosofía es una manifestación de Fe y, por supuesto, la Teología también lo es.

¿ Continúa la vida al pasar el umbral ?

El hombre siempre ha sido filósofo y científico; al mismo tiempo que un ser de mucha fe. Pero la racionalidad científica debe abrirse a la racionalidad filosófica, y viceversa; así lo demandan los científicos de la actualidad. La Ciencia responde al «cómo» ocurren las cosas; pero no al «por qué», por eso, cuando la ciencia ya no sabe cómo responder, la Filosofía entra en acción en la búsqueda de respuestas; y en este momento es cuando entra a participar la Teología también.

Si algo distingue a los seres humanos del resto de animales es que todos sabemos que, en algún momento, va a acabar nuestra vida; al menos tal como la hemos conocido hasta ahora. Existen numerosos estudios que apoyan la teoría de que la vida después de la muerte sí existe, pero el respetado físico y cosmólogo Sean Carroll[4], profesor en el Instituto de Tecnología de California, afirma que es imposible la existencia de cualquier cosa después de morir. Tras varios estudios, el Dr. Carroll explica que para que haya una vida tras el fallecimiento, la conciencia debería estar completamente separada de nuestro cuerpo fisico.

El doctor asegura que: *"conocemos por completo las leyes de la física que subyacen a la vida cotidiana"*, y todo tiene que ocurrir en esos márgenes. Los médicos declaran la muerte del paciente cuando deja de respirar, cesan los latidos de su corazón y no se detectan ondas cerebrales durante varios segundos. El sentido común nos dice que una vez que el órgano falla, la sangre ya no circula al cerebro y, por lo tanto, los monitores no pueden detectar actividad alguna.

El Dr. Carroll sostiene, si la vida continuase tras la muerte, el campo cuántico habría revelado partículas y fuerzas espirituales. Sin embargo, la conciencia, en el nivel más básico, es una serie de átomos y electrones que nos da nuestra mente. Las leyes del universo no permiten que estas partículas funcionen después de nuestra muerte física.

"Las afirmaciones de que alguna forma de conciencia persiste después de que nuestros cuerpos mueran y se descompongan en átomos

---

(4) *Sean Michael Carroll es un físico teórico especializado en Mecánica Cuántica, gravedad y Cosmología. Es profesor de investigación en el Departamento de Física del Instituto de Tecnología de California. Ha sido colaborador del blog de física Cosmic Varianza, y ha publicado en revistas científicas como Nature, así como en otras publicaciones, incluyendo The New York Times, Sky & Telescope y New Scientist.*

constituyentes se enfrenta un gran obstáculo insuperable: las leyes de la física que subyacen a la vida cotidiana. Todo debe suceder en esos márgenes, y no hay manera, en esas leyes, de permitir que la información almacenada en el cerebro persista después de que muera", explica Carroll.

Para su evidencia, el doctor apunta a la Teoría Cuántica de Campos, disciplina de la física que aplica los principios de la mecánica cuántica a los sistemas clásicos de campos continuos. En resumen, es la creencia de que existe un espacio para cada tipo de partícula.

"Si la vida continuase tras morir, el campo cuántico habría revelado 'partículas y fuerzas espirituales'. Son solo átomos y fuerzas conocidas, no hay forma de que el alma sobreviva a la muerte", asegura a 'Scientific American'. *"Creer que hay algo después, por decirlo suavemente, requiere <u>una física más allá del modelo estándar</u>. Lo más importante es que necesitamos alguna forma para que esa <u>'nueva física'</u> interactúe con los átomos que tenemos. Dentro de la teoría cuántica de campos, no puede haber una nueva colección de 'partículas y fuerzas espirituales' que se relacionen con átomos regulares, porque los habríamos detectado en otros experimentos"*, concluye.

A propósito subrayo *"nueva física"* (*una física más allá del modelo estándar*) en lo expresado por el Dr. Carroll, precisamente, porque todo lo nuevo descubierto o "creado" es lo que no era conocido aún. A mi parecer, por lo tanto, reafirmo que la ciencia no puede descartar lo que no se ha descubierto o se sepa, lo que ella no puede demostrar. Sólo podemos filosofar o basarnos en nuestra fe para creer en ello.

LA MUERTE Y LA VIDA [5]

El relato bíblico nos cuenta que Adán y Eva probaron del "fruto prohibido" proveniente del árbol de la sabiduría; y que por ello fueron expulsados del paraíso. La fe razonada nos permite interpretar que "nuestros padres" al no poseer aún ni conciencia ni inteligencia, vivían en plena armonía con la naturaleza; pero que al convertirse "por el pecado" en seres inteligentes, razonaron y recién pudieron distinguir entre el bien y el mal. Y así descubrieron sus capacidades y sus limitaciones. Se dieron cuenta que podrían morir algún día, condenados a tener que razonar durante el resto de su vida a fin de poder entender y enfrentar a la vida; y a la muerte.

Algo interesante que acotar al respecto: el término "Adán", en hebreo "adam", no es nombre de persona (es decir, como solemos llamar a nuestros familiares y amigos con un nombre propio). Significa simplemente "ser humano". De modo que todos nosotros/as somos "adán", es decir, "seres humanos". Además, esta palabra viene de la palabra hebrea "adamah", que significa "tierra fértil". Para los judíos, que vivían en tierras áridas y secas allá en Israel, esta palabra "adamah" era sinónimo de vida, de fertilidad y de abundancia.

Por otra parte, la palabra "Eva" (en hebreo "hawwah"), tampoco es un nombre propio de persona, en este caso de una mujer. Se trata de un término hebreo, relacionado con un verbo hebreo ("hayah"), que significa "vivir". Por eso, el libro del Génesis asocia el nombre de Eva, al hecho de que ella es la madre de todos los vivientes (ver Gén 3,20). Por eso, es que siempre hemos pensado que Eva era una mujer concreta.

Por lo tanto, el término "Adán" no significa sólo "hombre" en el sentido de individuo aislado inicialmente en el paraíso. La palabra "Adán" significa metafóricamente "la humanidad". A partir de la tierra misma, el Señor Dios ha modelado la humanidad que puebla el mundo (Gén 2,7). La palabra "Eva" tampoco es un nombre propio, sino simbólico. Eva representa lo que humaniza al ser humano. Eva representa metafóricamente "la sociedad". El texto acerca de la creación del hombre y la mujer (Gén 2,4b-25), enseña que únicamente el contacto fraternal con los demás (vivir en sociedad), hace que la vida sea plenamente humana. Del "hombre" ("Adán": humanidad), que Dios ha modelado, termina de formarse "Eva": sociedad, (ver Gén 2,7.18-24).

Al igual que Adán y Eva, nosotros al nacer llegamos al mundo y nos integramos a la sociedad, a la naturaleza, bajo la protección, cuidados y enseñanzas de nuestros padres. Comenzamos a ver el mundo que nos rodea, empezamos a caminar y a aprender a tomar decisiones de acuerdo a lo que nuestra inteligencia nos dicta. Siendo aún niños nuestra mirada siempre va hacia adelante, todo está por descubrirse, hemos vivido tan poco que casi nada hay que mirar hacia atrás. Todo acaba de empezar y no vemos un final a nuestra existencia, solo se vive y el tiempo parece pasar tan despacio, que hasta lleguemos a sentirnos eternos. Con el transcurrir del tiempo y avanzar en edad, y conocimientos, vamos entendiendo que la vida tiene un principio y que tendrá un fin.

Es entonces, donde recién se percibe, y se es consciente, que el tiempo pasa más a prisa. Comprendemos que la muerte acaba por darle un valor a la vida.

---

(5) Con Extractos de: Atlas de Filosofía, en busca de la felicidad. Parramón Ediciones S.A. 2009

Para la Ciencia

Para uno que es padre (y doblemente para los que somos abuelos/as), el nacimiento de un hijo (y duplicado de un nieto) es una de las experiencias más impactantes de las que pueda gozar el ser humano, en vida. Se puede asegurar que este acto, producto del amor entre dos seres, es lo más sublime pues dar la vida a un nuevo ser constituye una victoria sobre la muerte, porque algo nuestro seguirá en este mundo cuando ya no estemos.

El ser humano es materia + energía. *"La materia (o la masa) y la energía no se crea ni se destruye, sólo se transforma"*, es una expresión que sintetiza el trabajo de Antoine-Laurent de Lavoisier (París, 1743 - 1794) químico, biólogo y economista de origen francés. Fue uno de los protagonistas principales de la revolución científica.

Lavoisier condujo a la consolidación de la química, por lo que es considerado el padre o fundador de la química moderna. Creador de la ley de conservación de la masa o ley Lomonósov-Lavoisier, ley fundamental de las ciencias naturales. Aunque anteriormente una premisa ya había sido elaborada, independientemente, por Mijaíl Lomonósov en 1748, fue descubierta unos años después por Antoine Lavoisier en 1785. La Ley de la Conservación de la Masa se puede enunciar de la siguiente manera: *«En un sistema aislado, durante toda reacción química ordinaria, la masa total en el sistema permanece constante, es decir, la masa consumida de los reactivos es igual a la masa de los productos obtenidos».*

En 1905 Albert Einstein fue el primero en proponer que la equivalencia entre masa y energía es un principio general y una consecuencia de las simetrías del espacio y del tiempo. Por medio de su famosa relación $E = mc^2$, que da origen a la teoría de la relatividad, indica que la energía y la masa son equivalentes, es decir, son una misma cosa, pero se encuentran en distinto estado. Por lo tanto, dada ciertas condiciones físicas, un cuerpo puede transformar su masa en energía. Si seguimos a Einstein quien afirma que las transformaciones químicas, nucleares y de otra energía que sufren los cuerpos pueden hacer que el sistema pierda parte de su contenido energético (y por lo tanto una masa correspondiente), liberándolo por ejemplo como luz (radiante) o energía térmica.

Al morir el cuerpo humano se transforma en polvo o ceniza ("de polvo eres y en polvo te convertirás"). Nos preguntamos su energía (o su alma), en que se transforma?. Tal cuestión era una constante para los filósofos, Aristóteles fue el primero en intentar explicar las innatas características de todo ser vivo. Según él, todo ser vivo posée un alma que es la causa por lo que éste ser va cambiando o moviendo sin causa exterior aparente. Por ejemplo, el clima o el viento, como causas exteriores, con el tiempo, modifican el estado o estructura de una piedra. En cambio, un ser vivo parece comportarse movido por una causa interior, llamamos alma, responsable del crecimiento, del instinto de conservación, la tendencia a la reproducción y hasta del pensamiento. Para Aristóteles el alma sería como el proyecto interior que orientaría a un cuerpo para que se desarrolle y evolucione en un sentido o en otro. La palabra "alma" viene del latín "*anima*", que significa "principio vital", alma es la energía, lo que hace que un cuerpo sea animado.

Para la religión

Toda religión se organiza desde un principio alrededor de la noción de lo que es sagrado. La palabra "sagrado" viene del latín "*sacer*" que significa "separado". Toda religión impone una separación entre el mundo de los hombres y el mundo natural. Así, todo lo que los hombres no han creado y lo que no podemos entender a través de la inteligencia, cuyo origen es misterioso o irreal, puede llegar a tener un carácter sagrado. El pensamiento racional siempre intentará negar la ilusión religiosa, pero es poco probable que éste consiga entender o satisfacer y menos poder comprobar su propia curiosidad. La necesidad profunda del ser humano de dar un sentido a su existencia y a la del mundo lo termina por llevar a lo sagrado. Los seres humanos cambian y se mueren, pero la naturaleza parece no sufrir muchas modificaciones y perdura más; por lo que puede convertirse en algo sagrado. En las culturas primitivas, lo sagrado siempre ha sido motivo de temor, fascinación y ello los condujo hacia un profundo respeto hacia la naturaleza, eligiendo dentro de ello a sus divinidades. El sentido de lo sagrado es un sentimiento absoluto de dependencia del ser humano respecto a una potencia que lo supera infinitamente y que le da un sentido a su existencia.

Casi todas las religiones consideran que el origen de la vida, al no poder ser observable de forma material, se debería a una causa mágica o divina. El misterio de la vida y de la fertilidad de la naturaleza, como ya vimos, será el primer motivo de adoración religiosa. Su otra cara será el misterio de la muerte.

Es aceptado que la vida tiene un principio y un fin. Pero decir que la vida es lo contrario de la muerte no ayuda pues, mientras el hecho de haber vivido nos proporciona lo que hemos alcanzado a ser y, por lo tanto, podemos "cuantificar" y "calificar" las experiencias vividas; la muerte se nos viene y no somos más, no la podemos evaluar. Para Epicuro (como para otros pensadores griegos), la muerte es un falso problema, decía:

"Por qué preocuparse por nuestra muerte. Ella y yo nunca nos encontraremos; si estoy vivo es que no ha llegado y si ella está entonces significa que yo ya no estoy".

En realidad, la muerte no afecta a la materia que compone el cuerpo humano, sino a su organización. El ser vivo es un organismo, un conjunto de sistemas que con sus respectivos órganos contribuyen al funcionamiento y a la supervivencia del conjunto, en un entorno muy particular. Organismo proviene de la palabra griega *"organon"*, que significa "instrumento"; por lo tanto aquí cabe preguntarse si el cuerpo humano es un simple intrumento, quién o qué o como se pone en funcionamiento ese organismo. Como lo mencionamos, una creencia que se transmite desde los primeros pensadores giegos, considera que es el alma la que mueve el cuerpo.

El comportamiento de los seres vivos esta determinado por un muy complejo mecanismo definido por las leyes de la bioquímica, la física y la fisiopatología. El ser vivo no puede ser definido por la simple descripción del funcionamiento de las partes que lo componen; es el conjunto de esa organización, "manejado" por "algo" que tiene que ser investigado, si queremos entender que es la vida.

Para la Metafísica[6]

La palabra Metafísica proviene del griego "metá" (más allá) y "phisika" (lo físico, lo material), es decir "más allá de lo físico o material"). Es el área de la filosofía que se encarga de estudiar los sucesos de la vida que no son explicables por los demás campos de la ciencia. La metafísica es la ciencia que estudia el área espiritual de un suceso o materia. La metafísica lo estudia todo en el mundo, desde un ángulo completamente inverso a lo que se deduce por experimentos reales y científicos y sin alejarse de un Dios Creador y Guía de nuestro presente y destino.

Desde el punto de vista de la metafísica la conciencia (¿sería el alma?) de los seres humanos transciende la muerte, es decir que no muere. Con este criterio, cuando la persona fallece la conciencia se desprende del cuerpo y continua su existencia. Se sostiene que, con los avances en el campo de la neurociencia, se han logrado establecer que la conciencia de cada persona sobrevive después de expirar el cuerpo humano que lo habitaba. A través de la mecánica cuántica los científicos han comenzado

---

*(6) Fuentes y extractos de: https://wikipedia.org/wiki/Conciencia
y de Web: diosuniversal.com*

a descifrar y describir lo que ocurre en el cerebro cuando se extingue y hacia donde va nuestra conciencia.

"En los últimos años, los científicos Stuart Hameroff y Roger Penrose han encontrado una relación entre las partículas subatómicas y la conciencia de los seres humanos y plantean que existe una conexión entre los seres vivos y el universo. Roger Penrose es un físico matemático oriundo de Inglaterra y profesor emérito de Matemáticas de la Universidad de Oxford. Es reconocido por su trabajo en física matemática, en particular por sus contribuciones a la teoría de la relatividad general y a la cosmología. También, ha orientado sus esfuerzos en el ámbito de las matemáticas recreativas y es un polémico filósofo. Fue elegido miembro de la Royal Society de Londres en 1972. Compartió el Premio Wolf en Física con Stephen Hawking en 1988 y ganó el Premio Aventis en 1990. Fue nombrado Knight Bachelor en 1994.

Stuart Hameroff es un profesor de la Universidad de Arizona, conocido por promover el estudio científico de la conciencia y por sus conclusiones sobre la teoría de los mecanismos que la gobiernan. Hameroff recibió la graduación BS en la Universidad de Pittsburgh y su graduación como doctor en Medicina en el Hospital Universitario Hahnemann (Colegio Universitario de Medicina Drexel). Se trasladó al Centro médico de Tucson en 1973. De 1977 en adelante su carrera ha transcurrido en la Universidad de Arizona, donde fue nombrado profesor en los departamentos de anestesiología y psicología en 1995, director asociado para el Centro de Estudios de la Conciencia en 1999, profesor emérito en anestesiología y psicología en 2003, y director del Centro de Estudios de la Conciencia en 2004.

Tanto Roger Penrose como Stuart Hameroff postulan que la mente (entendiéndola como conciencia) y el cerebro son dos entidades separables. Hameroff, lo hace a través de sus estudios sobre los microtúbulos y el citoesqueleto celular, especialmente en las neuronas, mientras que Penrose lo hace desde el teorema de la incompletitud.

El modelo que defiende Penrose, junto con Hameroff, trata de explicar sucesos difíciles de entender a través de las neurociencias convencionales, y para ello se apoyan en aspectos revisados de la teoría cuántica, por ejemplo, el concepto de coherencia".

El Dr. Pim van Lommel es un autor e investigador holandés en el campo de los estudios sobre experiencias cercanas a la muerte (ECM). El Dr. Pim estudió su carrera de medicina, en la Universidad de Utrecht, especializándose en cardiología. Trabajó como cardiólogo en el hospital docente Rijnstate de Arnhem, durante 26 años. Al tratar con muchos de sus pacientes que habían sufrido un paro cardíaco, descubrió que, lejos de haber perdido la conciencia, sus pacientes recordaban claramente haber vivido una experiencia extraordinaria. Decidió estudiar el fenómeno sistemáticamente durante veinte años en su clínica con un equipo especializado, y en 2001 publicó en la revista médica The Lancet una síntesis de su investigación, un estudio prospectivo a gran escala de las experiencias cercanas a la muerte vividas por sus pacientes, después de un paro cardíaco.

En 2007, se publicó la primera edición de su libro que llegó a ser un "bestseller" internacional, "Consciencia más allá de la vida: la ciencia de la experiencia cercana a la muerte". Esta obra argumenta que las "experiencias cercanas a la muerte" (ECM) son un fenómeno no atribuible a la imaginación, la psicosis o la falta de oxígeno, de tal modo que la conciencia sería algo mucho más vasto y complejo que el cerebro, y que seguiría existiendo pese a la ausencia de toda función cerebral. El Dr. Pim van Lommel introduce estas experiencias en un amplio contexto cultural que va desde las diferentes visiones religiosas del pasado, hasta los nuevos supuestos de la física cuántica, en donde estos fenómenos tienen un lugar coherente dentro de sus modelos teóricos.

EXPERIENCIAS CERCANAS A LA MUERTE
(ECM o EUM -Experiencias en el Umbral de la Muerte-)

Tal como vengo tomando de referencia al Dr. Raymond A. Moody y su libro "Vida después de la Vida", desde mi introducción, afirmo que lo seguiré haciendo en lo sucesivo con la misma vehemencia, pues hoy por hoy, sus conocimientos y experiencias no solo fueron transmitidas en vida tanto en sus escritos como en sus conferencias o charlas a nivel mundial; son ya por completo del dominio público gracias al Internet. Esto ha permitido a mucha gente correlacionar sus propias experiencias con las expuestas por el Dr. Moody. Y han sido narradas con libertad por miles de personas que aseguran haberse visto fuera de sus cuerpos mientras contemplan la escena causal de su muerte o la imagen de su cuerpo muerto abajo y "ellos" flotando por encima de personas y objetos sin poder tocarlos. Tampoco son ya extraños ni el túnel que afirman recorrer, para alcanzar hacia el final la gran luminosidad y habitualmente a amigos y parientes ya fallecidos que emergen de ello y les dan la bienvenida cariñosamente; sin dejar de resaltar el estado de paz y alegría que los envuelve y que elimina el miedo a la muerte para el resto de sus vidas. Nada de esto nos es ajeno.

Por hoy son ya cientos los libros y artículos publicados sobre el tema de la muerte y la vida después de ella; y son numerosas las personas que han continuado esta misma línea de investigación y han recopilado miles de nuevos testimonios, y es rara la persona que no conozca o no haya oído hablar de alguien que haya vivido esta experiencia. La ciencia médica ha tratado tanto el tema de la vida como el de la muerte con mucha discreción y ética, como ciencia que es, sin apasionamientos ni soberbia, pero sí con mucha cautela.

El Dr. Dick Swaab[7], confeso ateo desde temprana edad, es un médico holandés, catedrático de Neurobiología de la Universidad de Amsterdam, sostiene que las experiencias cercanas o en el umbral a la muerte (EUM o ECM) son fruto de una anomalía cerebral, según lo sostiene en su ensayo *"Somos nuestro cerebro. Cómo amamos, sufrimos y pensamos"*. Swaab constata que "la luz al final del túnel" que muchos pacientes aseguran haber visto en el umbral de la muerte no es nada mas que la falta de riego sanguíneo en el globo ocular, que les hace perder la visión periférica y vislumbran tan solo una luz en el centro del ojo, como si estuviera viéndose a través de un tubo.

Sobre la sensación de "flotar" fuera del propio cuerpo, el neurólogo lo atribuye a que una parte del cerebro, "la zona del giro angular responsable de la sensación del equilibrio, no tiene suficiente oxígeno". Para reforzar sus teorías, Dick Swaab, que dirige un equipo de investigación en el Instituto Holandés de Neurociencias, ha estimulado la misma zona cerebral en pacientes conscientes, los que también han experimentado idéntica sensación de verse desde fuera, "pero que vuelven a su lugar cuando acaba la estimulación", recalca. Pero un real testimonio, el de la empresaria y compositora musical Pamela Reynolds, contradice, también científicamente, la versión del experimento del Dr. Swaab.

La experiencia de Pamela Reynolds[8] aporta certezas sobre la posibilidad de que nuestras consciencias puedan existir fuera del cuerpo físico, sobre cómo se vive en primera persona la experiencia en el umbral de la muerte (EUM) y sobre la continuidad de la vida más allá de la muerte corporal. Pam inicia su odisea con un diagnóstico de aneurisma cerebral. Esa bomba de tiempo podía hacer explosión en cualquier momento, su única opción era una cirugía experimental practicada por un renombrado neurólogo el Dr. Robert Spetzler, del Barrow Neurological Institute, centro pionero en el tema en el mundo. La operación implicaba enfriar el cuerpo hasta provocar una parada cardíaca, drenar la sangre del cuerpo, operar el cerebro y luego tratar de revivir a la paciente; se le advierte a la

---

(7) Dick Frans Swaab (1944) es un médico holandés y neurobiólogo. Es profesor de Neurobiología en la Universidad de Ámsterdam y fue hasta el 2005 Director del Instituto Holandés para la investigación del cerebro (Nederlands Instituut voor Hersenonderzoek) de la Real Academia holandesa de Artes y Ciencias (Koninklijke Nederlandse Akademie van Wetenschappen).

misma que era una opción de última instancia y, contra toda esperanza, decide tomar el riesgo, no tenía muchas opciones.

La paciente ya en la sala de operaciones está anestesiada, con los ojos cerrados con cinta adhesiva y en los oídos se le colocan dos dispositivos que generan una señal auditiva a los efectos de poder determinar por electroencefalograma cuando su cerebro ya esté sin actividad alguna para recién en ese momento proceder a corregir el aneurisma. Su cuerpo queda absolutamente aislado del entorno en todos los sentidos posibles del término, además cuando le retiran la sangre queda sin flujo sanguíneo y, ciertamente, sin ondas cerebrales, por ausencia de oxígeno. El cerebro, en estas anóxicas condiciones, no puede generar sensaciones ni mucho menos recuerdos claros muy coherentes. A pesar de todo esto Pamela Reynolds nos manifiesta que se vió "flotando" sobre la sala de operaciones desde donde pudo ver a los médicos y resto de personal; pudo describir con precisión el complejo instrumental utilizado, los procedimientos, las conversaciones cursadas entre los miembros del equipo e incluso que de fondo musical habían elegido la canción Hotel California, cosa que le molestó por el tenor de la letra de la misma, no era su canción preferida.

En algún momento de su experiencia extra corpórea Pam ve un punto de luz bien lejos que le llama la atención y hacia ese punto de luz se dirige. Empieza a reconocer a su abuela muerta hacía ya varios años, un tío previamente fallecido e innumerables espíritus que ella no reconoce pero que le dicen que estaban relacionados con su vida de alguna u otra manera, todos los parientes fallecidos aparecían como hechos de luz y vestidos con ropas de luz. Pam les pregunta si estaban seguros que a ella le correspondía estar allí dado que pensaba que su vida no había sido muy virtuosa y su abuela le responde que es su voluntad quedarse o regresar.

El caso de Reynolds fue analizado desde todo punto de vista posible por investigadores del mundo entero y sólo es posible concluir que la consciencia de Pamela estuvo presente, fuera de su cuerpo, durante la operación, es imposible que pudiera percibir, y mucho menos recordar, los detalles de la operación desde su cerebro corporal que carecía de flujo de sangre y no mostraba ondas cerebrales. Luego de su experiencia en el umbral de la muerte Pam pierde totalmente el miedo a morir; solía decir

---

(8) *Pamela Reynolds Lowery (1956 – 22 de mayo, 2010), de Atlanta, Georgia, era una cantante y compositora americana. En 1991, a la edad de 35 años, indicó que ella había tenido una experiencia cercana a la muerte, durante una operación del cerebro realizada por Roberto F. Spetzler en el Instituto neuroLogico de Barrow en Phoenix, Arizona.*

que la muerte es la gran mentira de nuestra civilización dado que continuamos viviendo más allá de la muerte y aseguraba que la vida post morten es experimentada con extrema felicidad y un bienestar absoluto. Manifestaba, que durante su EUM (Experiencia en el Umbral de la Muerte), cuanto más tiempo pasaba muerta más lo disfrutaba.

Este caso es uno de los hitos en la investigación de las EUM, la paciente estaba anestesiada, sumergida en un máximo estrés por el mismo acto operatorio, sin sangre circulando, con el corazón y el cerebro detenidos privados del oxígeno por completo y aún así Pam percibe y registra con milimétrica precisión cuanto fue hecho y dicho durante su operación; el cirujano a cargo de la misma confirmó los dichos de la paciente en cuanto a lo ocurrido durante la intervención quirúrgica.

Conciencia o Consciencia

En este punto de lo escrito, me parece conveniente hacer ciertas apreciaciones sobre dos palabras que muchas veces confundimos y las empleamos muchas veces pero en su significado errado en nuestras expresiones; son: conciencia y consciencia, ambos sustantivos abstractos. Es necesario definir bien y aclarar ambos conceptos a fin de intentar comprender los temas tratados y por tratar.

CONSCIENCIA es la propiedad del ser humano de reconocerse a sí mismo y todo lo que le rodea, y le permite llevarlo a reflexionar y poder reaccionar ante ello. CONCIENCIA tiene el mismo significado, pero llevado al terreno de la distinción entre el bien y el mal. Es decir, consciencia es siempre sinónimo de conciencia, pero conciencia no es siempre un sinónimo de consciencia. En la oración: "… recuperó la conciencia minutos después de desmayarse"… o también en "… tras mucho tiempo después de sufrir un trauma craneal, pudo recuperarse de la inconsciencia"…; podemos en ambas situaciones, sustituir conciencia por consciencia; pero en la oración: "… mi conciencia no me permite robar ni estafar a nadie", no podemos emplear el vocablo consciencia porque se trata de un asunto moral.

La CONCIENCIA no es un estado sino la esencia de lo que somos, es nuestro ser primigenio, lo que fuimos y lo que seremos, sin tiempo, sin vida y sin muerte, somos CONCIENCIA por encima de todo, y la finalidad de nuestra existencia hoy aquí es lograr hacer CONSCIENTE nuestra CONCIENCIA, esa es la esencia del nuevo despertar.

Uno de los mayores misterios de la humanidad es lo que ocurre tras la muerte, y es materia de la motivación para la mayoría de religiones desde siempre y hasta la actualidad. ¿Quiénes somos?, ¿Hacia dónde vamos?, ¿Hay algo más allá de la muerte?, ¿Dónde va la conciencia al morir?, ¿Existe la reencarnación?; son interrogantes sin respuesta a la fecha, desde que existe el ser humano.

La muerte no debe infundirnos temor, sino respeto. El saber que tenemos que fallecer algún día nos inquieta, asombra y obsesiona. Prueba de ello es la fascinación por los relatos de aquellos que han tenido un pie en el más allá, es decir, que han vivido una experiencia cercana a la muerte (ECM). Quizá hayan sido deslumbrados por una luz blanca y radiante, el haber sentido una desconexión con el propio cuerpo y "verse" flotando, o vagando por un largo y obscuro túnel y haber "visto" y podido "hablar" con amigos, familiares o desconocidos; más todos, durante la experiencia, han manifestado haber sido invadidos por una intensa sensación de paz interior.

A través de lo ya escrito hemos venido sosteniendo la aparente incongruencia entre la ciencia y la religión al respecto de las ECM; pero, independientemente de las teorías que encadenan o tratan de contradecir la posibilidad de que al morir la conciencia y el cuerpo humano se disocian, las ECM constituyen hechos particularmente cruciales en uno u otro sentido. Lo cierto es que las personas que manifiestan su experiencia al respecto (yo soy uno de ellos), coinciden en señalar que su ECM les ha cambiado sus valores previos, proporcionándoles un significado, una esperanza y un propósito a una vida que se les ofrece de nuevo, y se pierde el temor a la muerte pues se percibe el deseo humano de sobrevivir más allá de la muerte.

Las ECM nos conducen a un cambio de conciencia centrada en el ego; nos produce una mayor empatía, menor interés en los símbolos de estatus y posesiones materiales y una conciencia espiritual más profunda. No promueven necesariamente seguir una tradición religiosa o espiritual en particular sobre otras, pero sí permiten fomentar el crecimiento espiritual propio y de los demás.

Las ECM y la Ciencia

La ciencia siempre ha sostenido que las experiencias cercanas a la muerte pueden estar provocadas por situaciones de extremo dolor físico o emocional, ataques cardíacos, en actos operatorios, lesiones cerebrales traumáticas, e incluso por la meditación. Sea como fuere, la comunidad científica se ha mostrado reticente a establecer un consenso claro sobre las ECM, tildándolas incluso de meras anécdotas. Hasta la fecha, ha habido investigaciones, por supuesto, pero se han limitado a enumerar las experiencias y a constatar que ciertos patrones se repiten con frecuencia.

En cualquier caso, está claro que la ciencia ha encontrado finalmente el modo de hacer suyo también el problema de la relación mente-cerebro durante el trance de morir, una cuestión reservada hasta ahora a la fe religiosa y a la racionalidad filosófica.

Así, por ejemplo, los Drs. Dagnall y Drinkwater opinan que es prácticamente imposible explicar por qué suceden la ECM, sin embargo destacan que aunque las personas religiosas creen que estos episodios proporcionan evidencias de la existencia de vida más allá de la muerte, las explicaciones científicas actuales apuntan a la despersonalización, o una sensación de estar separado del cuerpo.

Por otro lado un grupo de investigadores neurocientíficos de los hospitales universitarios de Ginebra y Lausana, en Suiza, dirigidos por el Dr. Olaf Blanke, en un estudio sobre experiencias fuera del cuerpo, OBEs (por sus siglas en inglés, OBEs u OOBEs, -Out Of Body Experiences-), estaban utilizando electrodos para estimular el cerebro en un grupo de voluntarios. El profesor Olaf Blanke y sus colegas encontraron que estimulando un punto en la convolución angular del cerebro, ubicado en la corteza cerebral derecha, causó repetídamente tales experiencias fuera del cuerpo. Los voluntarios que fueron sometidos al estudio manifestaron que sintieron una sensación de ligereza y sentirse "flotando" cerca del techo, observando que se "alejaban" de su cuerpo.

El Dr. Blanke y el Dr. Sebastian Dieguez declararon en la revista científica "The Conversation", que existen dos tipos de experiencias cercanas a la muerte. El tipo uno, que está asociado con el hemisferio derecho del cerebro, presenta una sensación alterada de tiempo e impresiones de volar. El tipo dos, que involucra el hemisferio izquierdo, se caracteriza por ver o comunicarse con espíritus, y escuchar voces, sonidos y música. Si bien no está claro por qué hay diferentes tipos de experiencias cercanas a la muerte, las diferentes interacciones entre las regiones del cerebro producen estas experiencias distintas.

El Dr. Olaf Blanke es Director del laboratorio de Neurociencia Cognitiva, Instituto cerebro-mente, en el Ecole Polytechnique Fédérale de Lausanne (EPFL), en Suiza. Blanke es director fundador del centro de neuroprótesis y de la Cátedra de la Fundación Bertarelli en neuroprótesis cognitivas de la EPFL; también dirige el laboratorio de Neurociencia Cognitiva de la misma y es profesor de Neurología en el Departamento de Neurología del Hospital Universitario de Ginebra. La investigación de la neurociencia humana de Blanke está dedicada a la comprensión de cómo el cerebro representa nuestro cuerpo y el estudio neurocientífico de la conciencia usando técnicas de neuroimagen humanas. En Neurociencia clínica él persigue investigaciones neuroquirúrgicas invasoras así como investigaciones de neuroprótesis en pacientes neurológicos, ortopédicos, y psiquiátricos. Fue pionero en neuroprótesis cognitivas mediante el uso de técnicas de ingeniería como la robótica, la haptics, la realidad virtual y la mayoría se interesó en el desarrollo de la cognetics: robótica para estudiar la mente, la cognición y la consciencia.

En mi personal circunstancia de ECM, que narraré luego como mi revelación: La Luz, podría encasillar tal experiencia perfectamente dentro del tipo uno. Tal extremo estrés que afectó mi mente podría asegurar, por mis conocimientos médicos y considerando el estudio del Dr. Blanke, que el hemisferio cerebral derecho es el primero en afectarse ante un daño o falla de irrigación sanguínea; manifestándose sus funciones de acuerdo a su predominancia. Consecuente con mi opinión, mi razón y conocimiento me lleva a deducir que quizás la consciencia se localice en nuestro hemisferio derecho y la conciencia en el izquierdo.

El cuerpo humano reacciona ante un estrés limitando la llegada de sangre a zonas no afectadas o que no ofrecen una respuesta positiva ante el "ataque", a favor de la zona afectada o de la/s que nos puedan ofrecer una respuesta positiva a fin de superar la situación. Entonces se produce la reacción de lucha o huida (fight or flight), también llamada reacción de lucha, huida o parálisis, hiperexcitación, o respuesta de estrés agudo. Es una respuesta fisiológica ante la percepción de daño, ataque o amenaza a la supervivencia. Fue descrita inicialmente por Walter Bradford Cannon, indicando que los animales reaccionan con una descarga general del sistema nervioso simpático, preparándolos para luchar o escapar. Más específicamente, la médula adrenal produce una descarga de hormonas resultando en la secreción de catecolaminas.

El hemisferio cerebral derecho, concibe las situaciones y las estrategias del pensamiento de una forma total. Integra varios tipos de información (sonidos, imágenes, olores, sensaciones) y los transmite como un todo. El método de elaboración utilizado por el hemisferio derecho se ajusta al tipo de respuesta inmediata que se requiere en los procesos visuales y de orientación espacial. Representa a "la huida".

El hemisferio izquierdo se especializa en el lenguaje articulado, control motor del aparato fono articulador, manejo de información lógica, pensamiento proporcional, procesamiento de información en series de uno en uno, manejo de información matemática, memoria verbal, aspectos lógicos gramaticales del lenguaje, organización de la sintaxis, discriminación fonética, atención focalizada, control del tiempo y del espacio, planificación, ejecución , toma de decisiones y memoria a largo plazo. Representa a "la lucha".

La mayoría de personas procesan la información usando el "análisis", que es el método de resolver un problema descomponiéndolo en piezas y analizando estas una por una; son personas con predominancia del hemisferio cerebral izquierdo. En contraste, los individuos que actuan con la predominancia del hemisferio derecho usan su "simultaneidad visual", procesan la información usando "síntesis", en donde se resuelve un problema como un todo, intentando usar un método de relaciones para resolver el problema.

En mi caso de experiencia con la luz, primero se manifestó mi hemisferio derecho en la elaboración de un proceso de "huida", alejarme de mi cuerpo; luego se produjo una serie de visualizaciones que alertaron al hemisferio izquierdo y me permitieron reaccionar con una "lucha" por regresar a la vida.

"Para el materialista que fusiona indisolublemente la conciencia con la función cerebral, la ECM no puede ser otra cosa más que un estado estático y alucinatorio producido durante el trance agónico por cambios intensos en la química y la fisiología de las células y áreas nerviosas involucradas en el proceso consciente. Por el contrario, para el dualista que considera la conciencia como ligada, aunque en esencia distinta de la función cerebral, la ECM constituye una evidencia empírica del proceso y del momento en el que la conciencia se desata o se independiza de la función cerebral para acceder al mundo espiritual o ultraterreno. De esta forma, lo que está en conflicto es un tema trascendental que ha ahondado la brecha entre creyentes y escépticos del más allá y la otra vida.

Desde la primera perspectiva la alternativa es clara, o las ECMs no acontecen durante el estado de muerte clínica o, de hacerlo, durante ese estado debe existir algún tipo de actividad encefálica que lo permita, posiblemente residual, pero indetectable para la capacidad medidora de los dispositivos actuales. En consecuencia, cuando se define la muerte como ausencia de actividad encefálica (muerte cerebral), el término "ausencia" no debe interpretarse en sentido absoluto, total ausencia, sino tan sólo en el de ausencia de actividad registrable. Esta solución plantea graves interrogantes de orden ético a la práctica médica, porque tal hipótesis parece poner en entredicho el criterio médico utilizado en la mayoría de países para establecer la defunción de una persona y, por tanto, la moralidad y oportunidad de las acciones post mortem a ejercer sobre el cadáver, tales como la retirada de asistencias mecánicas, extracción de órganos para trasplantes o fijación del momento de las honras fúnebres. No olvidemos, además, que aunque cuestionado también en algunos círculos católicos, el criterio de muerte cerebral cuenta con el beneplácito de la Santa Sede (Juan Pablo II, 2000)".

(Jose Juán Carbayo García
Grupo de Trabajo de Salud Basada en las Emociones semFYC).

No obstante, nunca antes se había abordado la cuestión de la conciencia en estas situaciones límite, hasta la publicación de AWARE en la revista "Resuscitation". Tal estudio, realizado por la Facultad de Medicina Langone en la Universidad de Nueva York, por su magnitud y relevancia de sus conclusiones, pone en duda el consenso científico establecido sobre la muerte clínica: los médicos declaramos la muerte del paciente cuando deja de respirar, cesan los latidos de su corazón y no se detectan ondas cerebrales durante varios segundos.

El Dr. Sam Parnia[9] y sus colaboradores en AWARE, nos afirman que la conciencia humana no desaparece inmediatamente después de la muerte. Lo que significa que, en teoría, alguien podría escuchar cómo los médicos anuncian su propio deceso.

El sentido común nos dice que una vez que el corazón falla, la sangre ya no circula al cerebro y, por lo tanto, los monitores no pueden detectar actividad cerebral alguna: *"Así se declara el fallecimiento, todo se basa en el momento en el que el corazón se detiene"*, explica el científico Dr. Sam Parnia, destacado experto en las ECM, en una entrevista para "LiveScience".

AWARE[10] (consciente en su significado en español), es un acrónimo del inglés AWAreness during REsuscitation (consciencia durante la reanimación). Es un estudio a gran escala llevado a cabo entre 2008 y 2015 en un intento de generar información verídica de los pacientes que reportaron haber tenido una experiencia cercana a la muerte. El proyecto fue dirigido por el médico, profesor y especializado en reanimación británico Sam Parnia. El estudio prospectivo se llevó a cabo en quince hospitales en el Reino Unido, Estados Unidos y Austria y con un total de 2060 pacientes que sufrieron de paro cardiorespiratorio, de los cuales 330 sobrevivieron tras esfuerzos de reanimación y 140 pacientes dicen haber pasado por una ECM.

Los resultados del estudio AWARE publicados inicialmente en la revista "Resuscitation", ahora están disponibles en línea. El estudio concluye:

- ✓ Los temas relativos a ECM, experiencias cercanas a la muerte, aparecen mucho más amplios que lo que se ha entendido hasta ahora, o lo que se ha descrito.

---

(9) *Dr. Sam Parnia es profesor asistente británico de Medicina en la Escuela de Medicina de la Universidad de Stony Brook, donde también es director de investigación en resucitación cardiopulmonar, y es director del proyecto de conciencia humana en la Universidad de Southampton. Parnia es conocido por su trabajo en experiencias cercanas a la muerte y la resucitación cardiopulmonar.*

✓ En algunos casos de paro cardiaco, recuerdos de la conciencia visual son compatibles con las llamadas experiencias fuera del cuerpo y pueden corresponder con hechos reales.

✓ Una mayor proporción de personas pueden tener experiencias vívidas de la muerte, pero no recuperarlos debido a los efectos de drogas, lesiones o sedantes empleados en el proceso; lo que puede haber producido daños en los circuitos de memoria en el cerebro.

✓ Términos ampliamente utilizados tales como "experiencias cercanas a la muerte" y "fuera del cuerpo", pueden no ser aún suficientemente considerados científicamente precisos para describir la experiencia real de la muerte.

✓ Futuros estudios deberían centrarse en paro cardíaco, que es biológicamente sinónimo de muerte y considerarlo mas bien como un mal estado médico que a veces se denomina "cercano a la muerte".

✓ Las circunstancias recordadas por el paciente circundantes a la muerte merece una investigación genuina sin perjuicio.

El Dr. Parnia concluyó: *"Esto es significativo, ya que a menudo se ha asumido que las experiencias en relación con la muerte son probablemente alucinaciones o ilusiones, que ocurren ya sea antes de las paradas de corazón o reinicializado el corazón con éxito, pero no una experiencia correspondiente con hechos 'reales' cuando el corazón no está latiendo. En este estudio, conciencia y consciencia parecen ocurrir durante un período de tres minutos cuando no había ningún latido del corazón. Esto es paradójico, ya que el cerebro normalmente deja de funcionar dentro de los 20-30 segundos de la parada del corazón y no se reanuda otra vez hasta que el corazón ha sido reiniciado. Además, los recuerdos detallados de la conciencia visual en este caso eran constantes con eventos verificados".*

Tras una ECM muchas personas se vuelen más altruistas y comprometidas. Encuentran un nuevo significado para su vida futura. *"Hemos estudiado la mente humana en el contexto de la muerte para entender si la conciencia se aniquila o continúa después de que la persona haya muerto; y la relación que tiene esto con lo que sucede dentro del cerebro en tiempo real. Aunque la mayoría de los participantes reconoció que no podía recordar con claridad, un 39% pudo describir una "percepción de conciencia" y un pequeño porcentaje fue capaz de*

---

(10) *Con extractos: Karen Wehrstein (2018). AWARE NDE Study. Psi Encyclopedia.*
https:psi-encyclopedia.spr.ac.uk/articles/aware-nde-study

describir las conversaciones y situaciones de la habitación del hospital. Lo más relevante (e inquietante también) es que esos recuerdos han sido verificados por el personal que estaba presente en ese momento exacto", asegura Parnia.

El Dr. Parnia dice: *"De la misma forma en la que un grupo de investigadores podría estar estudiando la naturaleza cuantitativa de, por ejemplo, la experiencia humana del amor, estamos tratando de comprender las características exactas que las personas sufren cuando pasan por la muerte, porque entendemos que reflejará la experiencia universal que todos tendremos cuando morimos"*.

El Dr. Parnia y colaboradores han corroborado que, en efecto, aquellos que han tenido un breve pero intenso encuentro con la muerte cambian para mejor: *"Lo que suele pasar es que aquellos que han tenido estas experiencias tan profundas se transforman, se vuelen personas más altruistas y comprometidas. Encuentran un nuevo significado a su vida"*, concluye el Dr. Paria.

En este sentido, el Dr. Parnia y su equipo continúan su trabajo. El próximo paso es encontrar métodos más precisos para "monitorear" lo que sucede en las ECM o EUM. Asimismo, también analizan al detalle qué ocurre en el cerebro durante el paro cardíaco, la muerte y la vuelta a la vida para comprender cuánto oxígeno llega al órgano, cuándo exactamente vuelve a conectarse y cómo estas experiencias se relacionan con la actividad cerebral. Al respecto, un segundo estudio similar está previsto que termine en el año 2020 dirigido por el Dr. Sam Parnia, un experto de renombre mundial en el estudio de la mente y la conciencia humanas durante la muerte clínica, junto con el Dr. Peter Fenwick y los profesores Stephen Holgate y Robert Peveler de la Universidad de Southampton. El equipo estará trabajando en colaboración con más de 25 centros médicos importantes en toda Europa, Canadá y USA.

◇◇◇◇◇◇

II

MI REVELACIÓN

LA LUZ A TRAVÉS DEL UMBRAL

"La vida humana es absurda, es responsabilidad de cada uno de nosotros el darle un sentido".
Filósofo Francés Albert Camus (1913 – 1960)

Lo descrito, a propósito, en cada párrafo del capítulo anterior se hizo con la clara finalidad de tomarse en cuenta para tratar de obtener alguna explicación a los hechos que pasaré a narrar en lo que sigue.

Los médicos estudiamos los conceptos y ponemos en práctica en nuestro ejercicio profesional todo lo concerniente sobre la anatomía o configuración, la bioquímica y el funcionamiento o fisiopatología del cuerpo humano, junto con la conducta humana, regidos por las leyes de la ciencia. Sin embargo, cuando nos enfrentamos a la muerte de un paciente informamos a los familiares con un escueto "se nos fue"…., hacia dónde?. La ciencia nos muestra que la frontera entre la vida y la muerte es mucho más confusa de lo que creíamos, hasta ahora. La lucidez de la conciencia humana nos obliga a recordar constantemente que nuestra existencia está condenada desde un principio a una muerte segura. Por suerte, por regla general, todos aprendemos a ignorarla hasta que sentimos que nuestra hora está por llegar.

Sin embargo, la conciencia de ser mortales, lejos de ser motivo de tristeza, nos debe permitir entender que debemos construir una existencia más bella y lo más placentera posible para nosotros y para los demás. La vida es muy valiosa porque sabemos que sólo disponemos de un tiempo limitado para disfrutarla, por lo que debemos decidir como aprovecharla. La muerte es nuestra limitación. Aprender a morir, como lo decía el emperador romano Marco Aurelio (121 – 180 D.C.), es aprender a vivir como si cada día fuese el último, dispuestos a dejar sin lamentos esta vida, sometiéndonos al misterio caprichoso de la muerte que supera nuestra inteligencia.

Resulta difícil definir que se siente con la muerte porque es una experiencia que solo se pasa una vez y ante la cual no existe memoria. Muchas religiones han pretendido explicar el fenómeno de la muerte convirtiéndola en una etapa más de la existencia, se sostiene que al abandonar la vida sobre la tierra se pasa a otra etapa. Esta idea pasa a ser una creencia, un acto de fe, porque no hay forma posible de demostrar tal afirmación. Solo a través de la fe se puede aceptar la presencia de la muerte, ya que sin este gran recurso humano seguiría siendo un misterio sin sentido para nosotros.

Cuando en el decenio de 1970 un joven médico norteamericano sacó a la luz publicando el resultado de sus investigaciones producto de entrevistas a personas declaradas clínicamente muertas, y que después habían sido reanimadas, pocos sospecharon la repercusión que estos testimonios iban a tener en la sociedad. Con el visto bueno de otros estudiosos de la materia el Dr. Raymond A. Moody publica en 1975 su libro "Vida después de la vida" que describe las experiencias de sus pacientes que estuvieron a un paso de atravezar el umbral de la vida a la muerte. Desde entonces, no es posible concebir ningún estudio, debate o planteamiento referido a experiencias próximas a la muerte que no tenga en consideración el trabajo del doctor Moody y el contenido de su obra. Yo no podía dejarla de lado.

El Dr. Moody sostiene en su libro: *"Vivimos en una era en que la ciencia y la tecnología han dado pasos de gigante en la comprensión y conquista de la naturaleza. Hablar de la vida posterior a la muerte les resulta algo atávico a muchos que sienten que la idea pertenece más a nuestro pasado «supersticioso» que al presente «científico». En consecuencia, quienes han experimentado lo que recae fuera de la esfera de la ciencia, tal como la entendemos, son considerados ridículamente. Siendo conscientes de esas actitudes, las personas que han tenido experiencias trascendentes se muestran remisas a relatarlas abiertamente"*.

Soy uno de ellos, pues alcancé el bendito umbral tras el cual aprecié la luz incomprensible. Y ahora puedo afirmar con toda certeza que ése fue el preciso momento en que cambió el sentido que pretendía dar a mi existencia. Hasta entonces mi vocación estaba orientada hacia el sacerdocio; a partir de ello, contrario a lo que se podría esperar, mi brújula me llevó hacia la Medicina. Jústamente a fin de apoyarme en la ciencia para encontrar explicaciones a lo acontecido a mi madre por su paraplegia y a tal hecho sobrenatural ocurrido en mi persona. Lo que quizás la religión no me lograse convencer del todo, pensé. Sin embargo, tras tales experiencias, la fe en un Dios sí se afianzó.

A pesar de estar convencido de lo real y de la trascendencia que significó en mi vida (lo que puedo asegurar fue una revelación), al ver la luz a través del umbral, comprendí que la sociedad contemporánea no es un entorno en que informes de esa naturaleza puedan ser recibidos con simpatía y merezcan comprensión. Desde el principio y tras la experiencia pensé que narrar lo acontecido a otras personas quizás me considerarían mentalmente inestable o que estaba "fuera de foco". En consecuencia, decidí permanecer en silencio por lo que respecta a ese asunto o hablarlo sólo con parientes muy cercanos o consultarlo con profesionales afines. Mi madre fue la primera persona a la que comuniqué con detalles sobre la luz, ni bien sucedido el hecho (más a menos a fines de 1961). Pasaron muchos años (allá por 1979) en que laborando ya como médico Pediatra en la Clinica San Borja en Lima, se me presenta la gran oportunidad de conocer e intercambiar ideas con el enminente Neurocirujano Dr. Fernando Cabieses a quien le consulté el caso de mi madre y, además, le ofrecí detalles de mi experiencia sobrenatural. En ambas inquietudes el Dr. Cabieses supo ofrecer respuestas sin especular sobre dichas experiencias al decirme que otras personas ya le habian comentado haber tenido exactamente las mismas percepciones y han pasado por las mismas situaciones. Recién pude sentirme aliviado.

El Dr. Cabieses[1] en su libro "La salud y los dioses: la medicina en el antiguo Perú" publicado en 1974 sostiene: *"Mediante la actual presentación, empezar a mirar lo sagrado y lo sobrenatural no desde un enfoque filosófico tratando de definir si existe o no existe, sino desde un punto de vista neurobiológico y neurofisiológico pues, exista o no exista, está muy claro que la percepción de lo sagrado y de lo sobrenatural se produce en el ser humano en toda su historia y en todas sus culturas, por lo que es correcto tratar de averiguar cuáles son las áreas y las funciones cerebrales que se ocupan de registrar la sensación de lo sagrado y lo sobrenatural y cuáles son las que funcionan en el momento de esas sensaciones y las controlan o las perciben."* El haber podido leer sobre estas afirmaciones de un connotado especialista en Neurología y tras conversarlo con él, aunque no me llegó a explicar desde el punto de vista

(1)   Dr. Fernando Cabieses Molina (México, 20 abril 1920 – Lima, 13 Enero 2009). Estudió en la UNM San Marcos (Lima, Perú) en las Facultades de Ciencias Biológicas y Medicina. De 1945 a 1950 se especializó en Cirugía Neurológica en Filadelfia. Doctor en Medicina en 1956. El Dr. Cabieses fundó la Escuela Neurológica, de gran prestigio en toda América. En Perú trabajó en el INEN (1950-1962), fundador, consultor y jefe de los servicios de Neurocirugía del Dos de Mayo (1951-1980), Militar del Perú (1954-1962), de la Fuerza Aérea del Perú (1968-1985) y Centro Médico Naval (1957-1988). Fundador y Director de Medicina Tradicional Peruana. A su intensa y permanente actividad médica agregó investigaciones de Biología, Antropología, Historia, Arqueología y Etnomedicina (del Panel de Expertos de la OMS de esta especialidad), plasmada en 25 libros y más de 250 artículos científicos. Durante varios años, fue miembro del Consejo Nacional de Cultura. Participó en el Instituto Nacional de Cultura, del Museo Peruano de Ciencias de la Salud y en la fundación del Museo de la Nación, del que fue su primer presidente.

científico mis experiencias, pude afirmar mi fe, mi creencia en algo existente más allá de nuestro conocimiento. En otra dimensión.

En aquel entonces el Dr. Cabieses me sugirió leer "Life after life", en español "Vida después de la vida". Por estar escrito en inglés temí no poder entenderlo bien, no lo hice; hasta ahora en que motivado para escribir al respecto (tal como lo describo en la introducción), nevegando en internet encontré tal libro y lo bajé para leerlo. Su lectura me sorprendió aún más pues me liberó de mis temores de abarcar un tema de "locos" para unos, conflictivos para otros, pero para mi es un desahogo espiritual. Por eso, hasta me animo a escribir sobre el tema.

Pasados ya muchos años y también muchas experiencias con el umbral y la luz, aunque ya no acontecidas a mi persona, sino apreciadas en algunos de mis pacientes pediátricos moribundos y también en familiares y amistades muy queridos con los que el destino me permitió compartir sus últimos momentos de vida, compruebo por el solo hecho de haberles prestado interés y mucha atención en sus momentos críticos, que mi experiencia con la luz me abrió la puerta para valorar la vida y respetar la muerte, sin temores. Transmitir esto a mis lectores me permite sentir satisfacción de un designio cumplido. A mi memoria vuelve todo lo sucedido, es mi revelación, que narraré enseguida.

LA LUZ

Relámpago de Vida

Acabado de suceder el hecho, el sobreponerme del susto tras la trascendente experiencia lúcida me tomó varios dias, tal es así que mi madre al notármelo me interrogaba persistentemente sobre qué me había pasado, hasta que no pude seguir ocultándoselo. Más sorprendido quedé, pero a la vez relajado, que tras mi relato mi madre me contó su propia experiencia, que según su deducción fue la causa de su parálisis en la pierna derecha, una súbita luminosidad que la segó e hizo perder la conciencia. Siendo mi padre un reconocido carpintero ebanista y tallador, la familia viajaba por las serranias de Cajamarca, de pueblo en pueblo, iba donde fuera contratado para refaccionar o fabricar altares y mobiliario. Cada estación tomaba de seis meses a un par de años de una continua permanencia. Yo era el menor de seis hermanos.

En una ocasión en pleno viaje nos sorprende una tempestad serrana con rayos y truenos; se buzcó refugio en una escuela cercana (yo tendría unos tres años). Mi madre nos cobijó y decidió apreciar el fenómeno atmosférico a solas desde el portal, velando nuestro sueño. Un trueno, repentínamente, acompañado del rayo nos despertó; asustados todos nos dirijimos hacia nuestra madre y la vimos tendida en el suelo inconsciente. La reanimamos y nos describe lo que le pasó. Una luz muy brillante apareció súbito, percibió el sonido del trueno y como una "corriente eléctrica" que la hizo perder el conocimiento. En ese momento no presentaba ninguna lesión evidente. Recién al segundo o tercer día del hecho se manifestó una progresiva pérdida de sensibilidad y poco a poco fue apareciendo pérdida de fuerza motora en ambas extremidades inferiores. Con el transcurso de los años y la terapia física que se le ofreció, ambas molestias (motora y sensorial), se circunscribieron solo a la extremidad inferior derecha.

Los años y las continuas evaluaciones médicas no ofrecieron un diagnóstico de tal mal, lo cierto es que mi madre y nosotros nos adaptamos a la discapacidad maternal, convivimos con ello hasta sus últimos momentos.

Pero la expresión de "la luz" quedó gravada en mi mente, recién ahora puedo afirmar que la luminosidad apreciada por mi madre de seguro fue producto del relámpago, luz visible del rayo que cayó muy cerca de élla. Pues "la luz" descrita en las narraciones del Dr. Moody describe mejor lo experimentado por mi en el trance que describiré. Dudo que lo narrado por mi madre, respecto a la luz, guarde alguna similitud con lo que yo viví. Pero sí puedo afirmar que sorprendido aún me encuentro de la coincidencia de los hechos narrados en el libro del Dr. Moody, producto de las experiencias de sus pacientes, y mi caso. Mientras leía el relato de las fascinantes experiencias de que trata este libro, llegaba casi a la sensación de estar viviéndolas. Mas si se toma en cuenta que "Vida después de la vida" lo he leído al iniciar la escritura del presente libro (y aseguro que es lo que más me ha motivado a hacerlo); también puedo afirmar que nunca estuve ampliamente familiarizado con la abundante literatura sobre hechos paranormales y ocultos, que por hoy se encuentra por doquier gracias a la vía digital.

MI EXPERIENCIA SOBRENATURAL

Siendo un adolescente aún (tendría unos 14 años de edad) y siendo el menor de los hermanos (y el más frágil de salud, pues padecía de severa asma), tenía a mi hermano inmediato superior en edad como mi celoso guardian, donde él se desplazaba habría yo de seguirlo. Muchachos traviesos al fin, sin el previo permiso de nuestros mayores nos enrumbamos un dia caluroso de esos hacia las playas de Lima, "gorreando" tranvía. Solíamos ir allí para jugar fútbol en la arena disfrutando de la briza marina y después sumergirnos en el mar. En aquella ocasión, como en las anteriores, tras el partido mi hermano mayor y sus amigos enrumbaron nadando hacia los botes de los pescadores anclados a unos 200 metros de la arena mar adentro; en esta oportunidad no me quise quedar solo en la arena como siempre, por indicación de mi hermano mayor. También me atreví y sumergí mi ser en el mar e inicié mi nado hacia tales botes; por supuesto que me hice merecedor de una general y severa llamada de atención en cuanto alcancé los botes. En fin, para mí era un logro. Con la misma disponibilidad tenia que nadar de regreso, llegado el momento.

Después del jolgorio de subir y bajar de los dichosos botes de parte de mis acompañantes, acto que no me provocó hacer, llegó el momento del regreso a la playa a nado. Tenía que hacerlo también, pero a pesar que me aconsejaron lo hiciera en primer lugar, muy pronto me sobrepasaron; lo que para ellos era una competencia a quien llega primero, para mí primaba el deseo como un correcto competidor el solo alcanzar la arena; me dije: lo importante no es ganar sino competir y tener el coraje de alcanzar la meta, aún sea en el último lugar.

Me encontraba a un poco más de la mitad del recorrido, sentí la necesidad de observar la competencia de los demás y aprecié que los últimos de tal grupo ya caminaban por la arena recién salidos del oleaje. Parece que tal instante de no concentración en lo mío me turbó y no me percaté que una gran ola me alcanzaba. No pude, y no supe, como reaccionar, sólo sentí que la enorme masa de agua me "reventó" en la nuca y de pronto me encontraba girando dentro del agua, sin encontrar piso ni menos poder salir del torbellino.

El tiempo trancurrido en toda mi experiencia perdió sentido, y medida. Todo parecía transcurrir muy de prisa. Aunque el tiempo no era el mismo, existía. Las cosas parecen sucederse más rápidamente cuando se está fuera de cuerpo. Ya muchos años después, primero como estudiante de medicina y por lo tanto muy inquisidor hacia mis maestros, y con los libros, respecto a encontrar respuestas; y luego como Médico Pediatra, nunca pude encontrar respuestas satisfactorias, hasta ahora. Mi mayor inquietud, dentro del campo científico, fue el de hallar alguna explicación a lo vivido en ése percance y del tiempo transcurrido en el mismo.

Por lógica y por cálculos de distancia, espacio y tiempo, con conocimiento médico-científico, era imposible haber pasado menos de cinco minutos entre mi entrada en el "torbellino" (con aparente pérdida del conocimiento incluido) y el haberme despertado en la arena vomitando agua salada y tos exigente, con mi hermano y otras personas comprimiendo mi tórax y abdomen. Según mis cálculos transcurrieron por lo menos unos quince minutos. La única secuela de todo ello fue, precísamente, la experiencia misma de lo vivido y una incógnita total sobre el tiempo transcurrido durante el hecho; diría ahora que fue mi "karma", del cual al narrar los hechos en esta nota recién siento liberarme.

Faltándome aún unos 60 metros para llegar a la playa, es la misma distancia que tenían que haber recorrido para rescatarme y si, al tiempo transcurrido para cubrir tal espacio, le agregamos el período en que se dieron cuenta del percance por el que me encontraba más al tiempo de mi "resucitación", estoy seguro que fueron mucho más de 5 minutos. Médicamente el cerebro, la "computadora" que controla el cuerpo humano por completo, no puede funcionar por más de cinco minutos sin oxígeno que es proporcionado por los pulmones (tomándolo del aire) y que la sangre (mediante los glóbulos rojos, con oxígeno ligada a la hemoglobina), siendo bombeada por el corazón, alcanza al cerebro manteniéndolo con vida. Definitivamente el tiempo se detuvo para mí. Imposible, pero me sucedió.

Mas, sin embargo, durante el percance de mi experiencia misma con el umbral de la muerte, el tiempo no existió, simplemente desapareció. Al respecto, Platón señala que el tiempo no es un elemento de la esfera que existe más allá del mundo sensible y físico. Las otras esferas son eternas y, según la notable frase de Platón, lo que llamamos tiempo no es sino «el reflejo móvil e irreal de la eternidad».

Tras el impacto de la ola en mi nuca y sumido en el torbellino dentro del agua de mar, todo se volvió una obscuridad absoluta. De pronto me sentí "flotando" en otra dimensión, hacia arriba pero con la vista orientada hacia abajo. Insisto, sin ninguna percepción del tiempo. Ví a "mi cuerpo" dentro de un ataúd, muerto; a mi madre y hermanos rodeando el féretro y llorando. Algo me succionaba hacia arriba y el ambiente en su totalidad se presentaba iluminado intensamente. Aunque "me encontraba fuera de mi cuerpo", seguía sintiéndome con forma corporal. Tuve una sensación etérea que es casi indescriptible.

Contemplar la escena de la que me alejaba me hizo entristecer al inicio, pero a la vez la curiosidad me hizo dirigir la vista hacia el origen de la luz que percibí me iluminaba desde mi espalda. Comencé a sentir una grata sensación de intensa paz, comodidad, sólo quietud; una completa percepción de totalidad. Entonces la tristeza se transformó en tranquilidad y serenidad, sin sentir la menor preocupación o miedo. Pensé que me debía estar muriendo y que así ocurriría si no regresaba al cuerpo. Si al principio sentí un desesperado deseo de regresar a "mi cuerpo", no sabía cómo hacerlo; sin embargo cuando dirigí la vista al origen de la luz, mi inicial deseo se esfumó y se transformó en un impulso de dirigirme hacia la luz. Quería cruzar el umbral.

Mi tiempo y espacio se había degradado a la vez que mi realidad física. Perdí contacto con mi cuerpo. En mi experiencia lumínica yo no crucé ningún túnel (como lo sostiene en su estudio el Dr. Swaab); ví la luz justo detrás mio y fue una sensación de que "alguien" me observase, lo que me obligó a voltear. Tampoco tuve "encuentro alguno" con el espíritu de algún familiar o conocido durante mi trance, como lo manifiestan diferentes personas que aseguran haber pasado con una experiencia como la mía.

La luz percibida era de un brillo indescriptible, no perturbaba mi visión, me la aclaraba, no me deslumbraba, me inspiraba respeto; no temor sino placer y un profundo deseo de no alejarme de ella, de acercarme y quedarme allí. En esa gran vorágine de sentimientos intensos y desenfrenados, de repente sin afirmar que escuché alguna voz pero si sentí la necesidad de "regresar"; creo que yo mismo me dije: "Si amas, regresa a la vida y completa lo que iniciaste en ella y que no debía sentir miedo por volver a mi cuerpo físico". Decidí regresar, y cuando lo hice me pareció sentir una sacudida que me "introdujo" en el cuerpo.

Recuerdo el haberme puesto en posición vertical y buscando piso me impulsé hacia arriba y en ese mismo momento volvía a la vida. De pronto aparece nuevamente la intensa obscuridad y nada más que recordar. El recuerdo viene al reaparecer la luz soleada del día y, al inicio, tenues sombras visuales de figuras humanas que se fueron aclarando hasta identificar a mi hermano sollozando y mucha gente a mi alrededor con cara de compungidos, asustados.

La lectura del libro "Vida después de la Vida", como ya lo mencioné, me inspiró y animó a intentar plazmar por escrito mis experiencias "sobrenaturales", ya que lo narrado forma parte de ello. Habría que presentárseme otras, ya como Pediatra, que narro luego y que quizás por haberme sucedido lo ya narrado pude enfrentarlas con mente y raciocinio claro. Con el ánimo de buscar concordancias con lo mío, en esta parte del camino narrativo me encontré en las páginas del libro del Dr. Moody con la descripción de una dama que me permito transcribir porque, de acuerdo con el Dr. Moody, las experiencias de esta naturaleza vividas son imposibles de describir, son inexpresables en el sentido común de expresión en cualquier lenguaje humano (inefabilidad). Una dama, de los casos estudiados por él, refiere:

"Me encuentro con verdaderos problemas cuando trato de contárselo, pues todas las palabras que conozco son tridimensionales. Conforme tenía la experiencia, pensaba: «Cuando me hallaba en clase de geometría me decían que sólo había tres dimensiones y siempre lo acepté. Estaban equivocados. Hay más».

Nuestro mundo, en el que ahora vivimos, es tridimensional, pero el próximo no lo es. Por eso es tan difícil el contárselo. He de describirlo con palabras tridimensionales. Es lo más cercano que puedo conseguir, pero no es realmente adecuado, no es posible describirlo. No puedo darle un cuadro completo".

En esta acotación es importante tener bien presente lo que Platón nos advierte en su descripción de los detalles del mundo en el que entrará el alma tras la muerte, no son precisos son solo «probabilidades, en el mejor de los casos». Si bien no duda de la supervivencia a la muerte física, insiste en que al intentar explicar la vida del más allá desde nuestra vida física actual nos enfrentamos con dos grandes desventajas. Ante todo, nuestras almas se encuentran aprisionadas en los cuerpos físicos y estamos, pues, limitados por los sentidos físicos en lo que se refiere a experimentar y aprender. Platón dice que el lenguaje humano es inadecuado para expresar directamente las realidades últimas. Sostiene que las palabras ocultan, mas que revelan, la verdadera naturaleza interna de las cosas. En consecuencia, las palabras humanas no podrán hacer otra cosa que indicar, mediante la analogía, el mito y en otras formas indirectas el carácter verdadero de lo que está mas allá de la esfera física.

Tras mi experiencia acabada de narrar, que modeló en cierta forma mi vida, percibo que los horizontes de mi vida se ampliaron, profundizado más mi fe, me volví más reflexivo y me preocupaba más por las cuestiones filosóficas fundamentales. Creo que allí me decidí a buscar en la Medicina la explicación a lo sucedido, más que intentarlo en el sacerdocio espiritual (que antes de mi vivencia, pensaba era mi vocación); comprendí que podría ejercer una especie de "sacerdocio laico", al fin y al cabo a mi simple criterio la Medicina es un apostolado, un sacerdocio, lo que confirmo ahora ya en la tercera edad y tras haber pasado por muchas experiencias positivas y negativas tanto en mi vida laica como espiritual. Considero que de haber sido sacerdote, quizás no hubiese sido un buen representante de Cristo, mi humanidad me lo impediría; me siento más complacido de ser simplemente su seguidor fiel. Durante mi ejercicio profesional y vida laica, con mis pacientes y el resto de personas he tratado de cultivar en esta vida el amor a los demás, un amor profundo y desinteresado. Desde entonces he estado convencido de que hay vida después de la muerte. No me cabe la menor duda de ello, y no tengo miedo a morir. La razón por la que no temo a la muerte es que sé adónde iré cuando deje esto, pues ya he estado allí antes. Mi experiencia con la luz en el umbral de la muerte fue una revelación para mí.

El alma y el cuerpo: dimensiones separadas, pero juntas

El haber intentado ser claro en mi narración me obligó a recurrir a información de libre acceso en la "esfera digital" que es la Internet, como siempre lo he señalo en mis escritos. En este contecto hallé esta expresión, que me parece oportuno el ponerla aquí: *"No hay nada que temer a la hora de experimentar nuestras vidas terrenales, ni a la hora de morir a ellas, la muerte es sólo una transición a la que si llegamos en paz con nosotros mismos y con la vida que hemos elegido vivir la disfrutaremos cómo a un amanecer en primavera, la muerte es algo así cómo nacer de nosotros mismos para pasar de la oscuridad de la vida corporal en el espacio tiempo, con su entretejido de dolores, angustias y temores, al amanecer definitivo de nuestras vidas donde evolucionamos eternamente hacia la plenitud de nuestra experiencia de existir".*

En los escritos de Swedenborg[2], como antes en la Biblia, o en las obras de Platón y también en el Libro Tibetano de los Muertos, encontramos congruentes expresiones, así como también notables paralelos con los acontecimientos que ha contado todo aquel que ha tenido alguna experiencia próxima a la muerte. El tiempo y el espacio ya no constituyen obstáculos, como en la vida física, pues en el umbral de la muerte ambos pierden su significado terrenal, se constituyen en una luz de verdad y comprensión. Platón admite que algunas de sus intuiciones derivan directamente del misticismo religioso de Oriente, por lo que podría estar influenciado por la misma tradición que inpiró a Sogyal Rinpoche (de Tibet, profesor budista nacido en 1947) para escribir el Libro Tibetano de los Muertos. A su vez, las ideas de la filosofía griega influenciaron mucho a algunos autores del Nuevo Testamento, por lo que podría argumentarse que la discusión de San Pablo sobre el cuerpo espiritual podría tener sus raíces en Platón.

La historia de la humanidad nos revela que la incógnita de lo que es la vida y la muerte siempre ha sido motivo de preocupación, pero no se ha logrado alcanzar un esclarecimiento definitivo. Por épocas sucesivas han surgido ideas que incluso se han hecho teorías. Todos los pueblos primitivos creían que existían espíritus residentes en cada persona y en las montañas, ríos, árboles y animales; y algunos otros libres, en el aire y no residentes. Para muchos de estos agrupamientos humanos que llegaron a desarrollarse como culturas, consideraban que los "espíritus" más poderosos incluso eran sus dioses. Este concepto animista de la naturaleza

---

(2)   Emanuel Swedenborg, nacido en Swedberg; Estocolmo, (1688 - 1772) fue un científico, teólogo, filósofo y místico sueco, más conocido por su libro sobre el más allá, "De caelo et ejus mirabilibus et de inferno, ex auditis et visis" (1758).

fue extinguiéndose poco a poco, pero se siguió creyendo firmemente que en los seres vivos existía "algo" que los distinguía de la materia inanimada y que se separaba del cuerpo en el momento de la muerte. En la antigua Grecia, varios filósofos como Platón, Aristóteles, Epícureo y otros, a ese "algo" espiritual, específicamente en el ser humano se le llamó "aliento" o alma; concepto que más adelante y sobre todo en la religión cristianana se adoptó como realidad.

Luego los Fisicistas promovieron que a nivel molecular la vida se puede explicar según los principios de la física y la química. El pensamiento animista y mágico fue desplazado por la "mecanización de la imagen de mundo" (Maier, 1938). El éxito científico de Galileo, Kepler y Newton que utilizaron la matemáticas para reforzar su explicación del cosmos, contribuyó también a la mecanización de la imagen del mundo.

El Vitalismo desde su aparición en el siglo XVII fue una rebelión contra el mecanisismo, pero sus propias explicaciones eran indecisas, según ellos la vida estaba relacionada a una sustancia especial, un estado especial que se llamó "fuerza vital".

Lejos de significar la victoria del mecanisismo, la caída del vitalismo, dió lugar a un nuevo sistema explicativo, el Organicismo. Según este nuevo paradigma que se introdujo en 1919 por W. E. Ritter, aceptaba que los procesos a nivel molecular se podían explicar perfectamente por mecanismos fisicoquímicos, pero que dichos mecanismos tenían una influencia cada vez menor, si no nula, en los niveles superiores de integración. Las características exclusivas de los organismos vivos no se deben solamente a su composición, sino a su organización, tal como ya lo pregonaban los filósofos griegos (mencionados líneas arriba). Se confirmaría con esto casi la certeza de la existencia del alma, creencia que se transmite desde los primeros pensadores giegos, al considerar que es el alma la que mueve o utiliza el cuerpo humano para poner en movimiento a todos sus órganos, sincrónicamente, en medicina se diría homeostáticamente, en completo equilibrio funcional.

Muchos de los argumentos de los vitalistas o animistas hoy se podrían explicar con mucho más claridad gracias a los recursos con que cuenta la ciencia actual, tal como el programa genético donde con el desarrollo del genoma y estudios sobre los telómeros y la telomerasa, se ha llegado a descifrar incógnitas que ya podría establecerse un antes y un después del genoma, no sólo para la ciencia sino también para la Teología. La ciencia ha reafirmado lo que la teología teorizaba y la misma ciencia lo negaba, por carecer de pruebas.

Me atrevería incluir en éste concenso a los últimos conceptos sobre la cuarta dimensión. Lo dejo a consideración del lector, por lo que incluyo fragmentos de informes científicos y filosóficos al respecto.

Cuarta Dimensión

Einstein sostenía que la cuarta dimensión es la dimensión física en que el tiempo es añadido a la tercera dimensión del espacio. Por lo que se percibe, hablar de la cuarta dimensión espacial suena a ciencia ficción, no es para menos. Los seres humanos somos tridimensionales y, por lo tanto, percibimos nuestro entorno en función de la longitud, latitud y altitud; es decir podemos identificar la izquierda y derecha, el adelante y atrás, y el arriba y abajo. Mas, la imposibilidad humana de poder experimentar físicamente con la cuarta dimensión (4D) no ha frenado a los filósofos de teorizarla ni a los científicos de imaginarla o incluso, de intentar demostrar su existencia.

Al intento de explicar sobre el tema de 4D en forma clara, encontré esta precisa descripción: [3] *"La cuarta dimensión o 4D, puede ser explicado desde diferentes puntos de vista, para la física es una cosa, para los matemáticos otra, en el plano de lo espiritual lo definen de un modo particular (es el espíritu o el alma) y aquí se trata de explicarla, desde el punto de vista gráfico o dentro de la comunicación visual.*

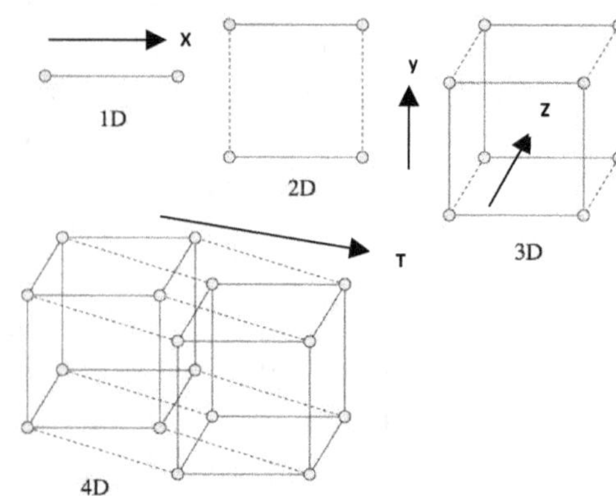

El punto, en sí, no tiene dimensión o tiene dimensión infinita (cuestión filosófica), si desplazamos ese punto en una dirección (eje X) obtenemos una línea que tiene 1 dimensión (largo) o forma 1D, si esa línea la desplazamos en el eje ortogonal respecto a la anterior (eje Y), obtenemos el plano, o sea la forma 2D, las 2 dimensiones (largo y ancho), y si a ese plano lo desplazamos en su 3 eje (eje Z) obtenemos el volumen o sea la tercera dimensión, el 3D. Si hablamos de 4D o cuatro dimensiones, estamos diciendo que además de largo, ancho y profundidad (3D), el objeto o representación también tiene la cualidad del tiempo. Es decir que la imagen, o representación gráfica tiene un

---

(3) *Tomado de: http://patogiacomino.com/2014/05/31/bienvenidos-a-la-cuarta-dimensión-que-es-el-4d/*

contexto espacial y temporal, real o virtual. El objeto no solo se desplaza en el plano a lo largo ancho y en la profundidad sino en el 4 eje, el del tiempo. En la ciencia matemática se lo conoce como el "eje T", que a menudo evoca historias de ciencia ficción en las que se producen los fenómenos paranormales o, a veces, la teoría de la relatividad de Einstein".

Los teóricos, los filósofos, los científicos y los teólogos usan la imaginación que no es otra cosa que un conjunto de varios pensamientos, para tratar de postular sus ideas o principios. Usan el pensar a fin de definir una mentalidad, una idea. Las grandes revoluciones que han surgido a lo largo de la historia de la humanidad tienen sus raíces en la ideología que transmitidas a otros determina la convicción que es sinónimo de fe natural. Pero la convicción se convierte en fe sobrenatural cuando pasa de la 3D a un nivel superior, a la cuarta dimensión 4D (el alma), por ende, no es visible, pero mueve y transforma a la tercera dimensión física (el cuerpo).

El Tiempo

Para los físicos el tiempo es uno de los más grandes misterios de la naturaleza. En nuestra vida el tiempo lo rige todo. Es invisible e intangible, medible con el "reloj" por la inventiva del hombre. Cuanto mas lo comprendemos mas nos hace excepcionalmente humanos. Todos tenemos un "reloj biológico" adaptado a esta cuarta dimensión al igual que el resto de los seres vivos y es que el tiempo se encuentra "incrustado" en nuestros cromosomas, en nuestra bioquímica corporal y en nuestra neuroquímica cerebral; y expresado en nuestro genoma (y muy específicamente en el telómero de nuestros cromosomas, como lo expuse en mi libro anterior "El Reposo del Águila" y acoto algo en páginas próximas, para una mejor comprensión).

El tiempo es una realidad de la que no podemos salir, siempre va hacía delante; en su vida cotidiana, el hombre sólo consigue expresarse con criterios de tiempo al referirse al pasado, el vivir el presente y al planificar su futuro; pero el ponerse a pensar en una vida después de la muerte, se le hace incomprensible. La teología, como ciencia, nos afirma que el individuo tan pronto como muere, se inmerge en la atemporalidad de Dios, donde cesan los criterios del tiempo. Los que hemos "visitado" esa esfera, esa dimensión, podemos dar fe de ello; lo dejé inferir así en mi narración. Tales especulaciones dejan una cosa clara, en ese "mas allá" no existirá el tiempo que conocemos en vida, por eso viene definido por el nombre de "eternidad". La eternidad es aquello donde no existe el tiempo. Al "comer del fruto prohibido", nuestros padres Adan y Eva, nos privaron de ello.

El alma, dice Santo Tomás, necesita de su cuerpo para alcanzar su objeto; en medio de esta vida corporal, es cuando debe marchar por el camino de la ciencia y de la virtud, porque una vez separada de su cuerpo, la vida corporal se la cerrará, sin que jamás se pueda abrir. Entonces, añade Santo Tomás, *"……ya no existirá el tiempo, porque el tiempo es la medida del cambio y del progreso. En esta morada no se conoce el cambio, ni el progreso, ni la prueba, ni la tentación, ni por consiguiente una decisión nueva"*. El cuerpo físico es el vehículo del alma, y el alma misma, es vehículo de la conciencia, que es espíritu.

Lo Incógnito: "convivencia espiritual"

La mente humana no es entendida en su totalidad, como tampoco lo es la vida y la muerte, cual ya se ha tratado en las páginas previas. La capacidad de raciocinio es inmensurable, inagotable. Esta capacidad nos conduce a tener la inquietud por la búsqueda a respuestas por hechos o sucesos que nos han sucedido o que han acontecido a otras personas, de los cuales hemos sido testigos o informados (para ello, las TICs - tecnologías de la información y comunicación- son el mejor medio para ello). La innata fascinación que ejerce el misterio de la muerte sobre la mente humana, nos lleva a preguntarnos sobre todo aquello que no entendemos, que no se tiene sentido, lo que es incógnito y desconocido. Con todo esto en mente, creo que sólo los que hemos tenido la oportunidad de pasar por la experiencia de alcanzar el umbral de la muerte podemos convencernos de haber alcanzado la Cuarta Dimensión en un campo netamente espiritual.

Ahora que me encuentro en esta parte de mi libro, sumido en meditaciones, y en ideas que se vienen al recordar mi pasado, configuro y me parece encontrar sentido a un concepto que siempre me ha carcomido la mente. Entiendo mucho más claro lo que es la cuarta dimensión. Desde mi lejana época de "monaguillo" en la parroquia de mi barrio en Lima, Perú, con las enseñanzas del catecismo que recibía siempre se me presentó una interrogante, la que recién ahora me parece el tener respuesta y cabida en la cuarta dimensión.

Después de mi experiencia ya narrada, los razonamientos anteriores a ello se me presentaban con algo más de claridad. Los conocimientos básicos sobre la física y matemáticas adquiridos en el colegio durante mi adolescencia y mejorados ya en la universidad, estudiando Medicina Humana y, por lo tanto, ampliando el saber y el conocimiento sobre el ser humano y las ciencias que rigen su vida en contacto con la naturaleza; el saber se fue reforzando mucho más y me permitieron conocer los conceptos sobre la existencia de otras dimensiones por encima de nuestra vida humana.

Al respecto mi concepto era que, si existe un universo tan infinito y según la creencia religiosa creado por Dios, no entendía que siendo Dios tan benévolo con su creación pudo conceder sólo a la raza humana con un planeta llamado tierra. La ciencia nos viene demostrando que, aparentemente, no existe vida humana en otros planetas de los millones que posiblemente existan en el universo. Pero si lo que está buscando la ciencia humana es encontrar "vida humana" o algo parecido a ella, no lo hallará, pues precísamente, porque Dios en su infinita benevolencia y capacidad creativa pudo haber decidido no sólo crear la vida humana, sino otras formas de "vida", que no dependan de oxígeno para vivir, por ejemplo, o que no tengan una composición material necesariamente. Se podría pensar que sí existan otros seres o entes pero con principios bioquímicos o fisiológicos, anatómicos, e inclusive corporales muy diferentes a los de la raza humana, pero de que existen, existen. Los descubrimientos de la ciencia a la fecha, a mi parecer, van comprobando lo que afirmo. Dios solo necesitaba el de influirles el "soplo de vida", el alma, para hecerlos "existir". Pues por lo que hemos venido afirmando, el "cuerpo humano" como un conjunto de organismos, funciona mientras haya "algo" que lo mantenga en una continua actividad; al cesar esta "energía", el cuerpo se muere y se transforma en polvo. Filosóficamente vimos que ese "algo" es el alma, la cual es eterna y seguirá "existiendo" en el lugar llamado paraíso.

Me pregunto ahora si será este lugar la verdadera "Tierra Prometida" que en la creencia judía se pregona. Al fin y al cabo eso significa el "paraíso" para todos aquellos que creemos en ello, sea cual fuera nuestra profesión de fe. Los que hemos tenido la bendición de "visitar" aquello ya lo comprobamos.

Siguiendo con mi propuesta. Con lo acotado anteriormente paso a manifestar lo que sigue a mi inquietud de siempre. Quien no ha presentido o percibido en algún momento de su existencia como que "algo" o "alguien" se nos cruza en el camino o nos observa. Pues bien, en mi concepto, ese "algo" o " alguien" existe también, o lo expresaría mejor, coexiste o convive con nosotros, es de "otro mundo" pero se intercala con el nuestro, usando nuestro mismo espacio pero respetando cada uno su propio tiempo. Nuestra Tercera Dimensión es diferente a la de "ello". Es la propia Cuarta Dimensión nuestra que se intercala con la dimensión 4D, o superior aún, de "ello". Existiría una convivencia espiritual. Sólo Dios lo sabe. Lo mío es solo un pensar.

La ciencia con su continuo progreso avanza hacia la perfección del saber, y cada vez que publica los resultados de sus hallazgos nos sorprende más; pero considero nos acerca más a conocer sobre lo que realmente somos, de donde procedemos, como fuimos creados y nos permite aclarar sobre nuestro papel o desempeño que debemos cumplir en lo que llamamos vida. Encontré en Internet un maravilloso artículo que quiero compartir por este medio en párrafos cuya interpretación dejo a libre criterio. Yo ya tengo la mía.

La ciencia encuentra que la vida humana comienza en un brillante destello de luz cuando un espermatozoide se encuentra con un óvulo, según han demostrado los científicos, después de capturar en un vídeo los asombrosos 'fuegos artificiales' que se producen. Investigadores de la Universidad de Northwestern, en Chicago[4] con trabajos realizados por la Dra. Nan Zhang, becaria postdoctoral en dicha universidad descubrieron el destello brillante que se produce en el momento en que los espermatozoides entran en un óvulo. Los investigadores señalan el hecho como debido a que se produce una oleada de calcio que desencadena la liberación de zinc del óvulo. A medida que el zinc se dispara, se une a pequeñas moléculas tras lo cual emiten una fluorescencia que puede ser captada por las cámaras del microscopio electrónico. Una explosión de pequeñas chispas surge del óvulo en el momento exacto de la concepción; es la "energía vital"?

Los científicos notaron que algunos de los óvulos son más brillantes que otros, lo que demuestra, según su suposición, que es más probable que produzcan un bebé saludable.

En un futuro próximo tal descubrimiento podría ayudar a los médicos de fertilidad a elegir los mejores óvulos fertilizados para transferir durante la fertilización in vitro (FIV).

---

(4) *Artículo original de © israelnoticias.com |*
https://israelnoticias.com/tecnología/científicos-descubren-destello-de-luz-momento-de-fecundación/

III

LAS DOS CARAS DE LA SALUD

MEDICINA Y CURANDERISMO

LA MEDICINA COMO CIENCIA

Aquellos que emprendimos la carrera de Medicina por vocación nos sentimos sorprendidos y preocupados como al pasar de los años, del sentido entrañable, generoso, compasivo, humanista y casi sacerdotal del Médico se intenta abdicar a favor de una profesión cien por ciento científica, esto es, exacta, como lo es la del arquitecto, el ingeniero, el físico, el químico; tal como lo diría Gregorio Marañon ("La responsabilidad profesional del médico", 1944). Pero la Medicina no es una ciencia tan exacta como las mencionadas, pues la complejidad del cuerpo humano con lo cual el médico tiene que batallar diariamente, es el peor obstáculo que encuentra. El médico se encuentra en este batallar con ciertos males a los que su conocimiento no alcanza a comprender y, por supuesto, curar.

Para un médico cada paciente es un libro abierto en constante redacción (determinado por lo que ingerimos, por lo que se nos administra y a lo que nos exponemos), nuestro organismo viene ya con datos propios indelebles en el ADN. Pero en algún momento de su existencia se manifiestan errores "gramaticales" (innatos o provocados), que el profesional de la salud tiene que "corregir" (curar), una vez detectado y definido el mal. Para esto el médico recurre a su conocimiento y experiencia, y cuenta con el apoyo de tecnología diagnóstica y farmacológica; o, si es necesario, procede a la extirpación del órgano afectado (parcial o total). La ciencia médica trata de reestablecer la homeostasis (equilibrio, balance) roto por el mal. El médico sabe que la falla en un órgano puede llegar a afectar a otro; por lo que tiene que tratar al paciente como un todo.

Todos y cada uno de los órganos del cuerpo humano trabajan juntos para mantener el balance del cuerpo, donde cada uno tiene su papel específico. Cada órgano es parte de un Sistema, el cual puede comprender varios órganos. Dos de los sistemas más importantes para mantener la homeostasis son el endocrino y el nervioso. Órganos como el corazón y los pulmones a fin de cumplir sus funciones tienen que estar estimulados o desacelerados, de acuerdo a las circunstancias, bajo el control neural. El sistema nervioso ayuda a regular los sistemas cardio-respiratorio, urinario y digestivo, y se relacionan con el Sistema endocrino para ello. Por ejemplo, sensores en la piel detectan cambios climáticos externos y el cerebro (nuestra computadora central), activa a la glándula pituitaria cuyas hormonas liberadas estimulan a otras glándulas metabólicas para responder a las demandas térmicas. Las hormonas también ayudan a ajustar el balance de los fluidos y electrólitos del cuerpo, junto con otros roles claves en todos los sistemas del cuerpo. Asimismo, sensores detectan cambios internos (ingreso de gérmenes o toxinas), se desatan funciones específicas que se encargan de la defensa y control del mantenimiento de la homeostasis y, a la vez, se desencadenan otras actividades, como la habilidad del sistema linfático para combatir las infecciones, el mantenimiento que hace el sistema respiratorio del oxígeno y los niveles de Ph adecuados, la acción metabólica del higado para descomponer lo inadacuado y la eliminación de toxinas de la sangre mediante el sistema urinario.

Así pues el cuerpo humano se defiende de muchos problemas para mantener su balance. Una dieta a la que le hace falta los nutrientes correctos en la cantidad correcta, inducirán al cuerpo a recurrir a su "despensa" y descompensarse o a enfermarse. La exposición a drogas, alcohol y otras toxinas ponen a toda velocidad a las funciones excretorias, pero estas sustancias se acumulan y dañan las células del cuerpo. El estrés y la depresión pueden desencadenar una respuesta rápida en "cascada" de varios sistemas; alterar, a la vez, al sistema respiratorio, cardiovascular y endocrino, y también alterar al sistema linfático-inmunológico (estimulando o deprimiendo sus funciones). Por lo tanto, en conjunto se debilitan todos los sistemas en sus respectivas habilidades para mantener la homeostasis (o el equilibrio corporal). Un sueño insuficiente puede también hacer que todos los sistemas del cuerpo se esfuercen demasiado, dificultando el balance del cuerpo.

Así que, aceptamos que el cuerpo humano es una entidad extraordinariamente compleja con habilidades exquisitas para poder responder y contrarrestar los insultos externos e internos; los estilos de vida que llevemos y las elecciones saludables o erradas a las que lo exponemos, pueden ayudar mucho a mantener tal homeostasis o a desequilibrarla. El médico interviene diagnosticando y tratando la alteración fisiopatológica producida, con ciertas limitaciones ya que se va a encontrar con dificultades que escapan a su entender y conocimiento. Por la propia complejidad del cuerpo humano, aún nos encontramos con inexplicables sucesos acaecidos en nuestro ejercicio profesional. Al respecto y como ejemplo de lo acabado de mencionar, traigo a colación lo narrado sobre mi experiencia lumínica, donde por el tiempo transcurrido durante ella era imposible el haber superado a la muerte, médicamente.

Clínicamente se tiene el concepto de que al cabo de cinco minutos de la supresión del vital oxígeno que entra por los pulmones, la reanimación es casi imposible, y si se logra, quedarían secuelas neorológicas.

La mayor parte de los números y cantidades que se citan en la práctica médica son valores medios y no deben tomarse como absolutos. La cifra de cinco minutos que con frecuencia oímos es un promedio. Sin embargo, es una norma clínica no intentar la reanimación después de cinco minutos porque, en la mayor parte de los casos, puede haberse producido algún daño cerebral por falta de oxígeno. Sin embargo, como es un promedio, puede esperarse que existan casos individuales a ambos extremos. Incluso en los casos en que el corazón no palpita, los tejidos del cuerpo, particularmente del cerebro, deben seguir con oxígeno y alimento la mayor parte del tiempo, por lo que al paciente en ese estado se le provée el oxígeno en todo instante. No es necesario en ningún caso suponer que se ha violado una ley biológica o fisiológica. Para que se haya producido la reanimación en las células del cuerpo debe haber continuado algún grado de actividad residual, aunque los signos normales de esos procesos no sean clínicamente detectables con los métodos empleados. No obstante, en el momento presente parece imposible determinar con exactitud cuál es el punto sin retorno.

Para la medicina, por lo tanto, dado que el tiempo transcurrido es impredecible, el desabastecimiento de oxígeno al cerebro durante la muerte clínica y en otros casos de grave tensión corporal, provocarían los fenómenos percibidos y que se deben representar como una especie de último grito compensatorio del cerebro moribundo. Eso lo dice la ciencia médica, soy Médico y como tal debería aceptarlo; pero mi razón y mi fe me dicen otra cosa. Esto es un acto sobrenatural.

Los avances de la medicina moderna, basada en la ciencia y en la tecnología, han sido muy provechosos en la mejoría y prolongación de la vida de los seres humanos. A la fecha, se ha podido reducir la morbilidad y la mortalidad causada por enfermedades infecciosas, metabólicas, tumorales; se ha logrado comprender y usar cada vez con mayor profundidad y eficiencia la genética, la bioquímica, la biología molecular, la farmacología, la inmunología, los trasplantes, las vacunas, etc. Entramos ya a la época de la Nanomedicina y la Robótica.

Pero aún no se descarta, mejor dicho no se puede ignorar, la medicina de nuestros antepasados, que ahora aceptamos como medicina alternativa.

MEDICINA ALTERNATIVA

En menos de un siglo la esperanza de vida de casi todas las poblaciones del mundo, se ha incrementado en 15, 20 o más años, en parte debido a mejores servicios sanitarios y mejores estándares de vida, pero fundamentalmente a los aportes de la medicina científica y la tecnología basada en ella. Pero, a pesar de estos dramáticos avances, se sigue sin poder descifrar muchas incógnitas, las mismas que siempre han motivado la existencia y la práctica de lo que se llama Medicina Alternativa, las que con el curso de los años también han experimentado un auge o han motivado el resurgimiento de diversas modalidades diferentes de la medicina científica u ortodoxa. Numerosas y disímiles disciplinas como la homeopatía, la medicina herbal, la reflexología, la terapia neural, la bionergética, la aromaterapia, el curanderismo y unas cien modalidades más, son conocidas como medicinas alternativas o complementarias, no enseñadas usualmente en las escuelas de medicina.

Aunque la primera actitud sea la de rechazo ante estas modalidades empíricas de medicina, es necesario reconocer que dichas prácticas tienen gran aprobación popular, y su explicación autóctona, cultural, propia de cada región o país donde se practica con entusiasmo y credibilidad. Muchos acuden a ellas al no hallar cura para sus males en la medicina científica. En 1992 los Institutos nacionales de Salud de los Estados Unidos (NIH) dieron un paso adelante en este sentido, crearon la Oficina de Medicinas Alternativas, dirigida por un médico de formación universitaria pero descendiente de nativos americanos y conocedor de la medicina no tradicional. El objetivo era investigar la real eficiencia y seguridad de estas prácticas. Además de las dificultades de la medicina convencional para tratar algunas enfermedades (por ejemplo y sobre todo las reumáticas), existen otras razones importantes enmarcadas por complejos problemas económicos, sociales y culturales, que obligan a millones de personas al no poder acceder a la medicina científica, acudir a la medicina no tradicional o alternativa.

Además, muchos pacientes están insatisfechos con el sistema de salud, con las dificultades en el acceso a la atención y consulta y las medicaciones; pero sobre todo, con el trato distante y deshumanizado de muchos médicos sujetos a cumplir con los protocolos y el uso de la tecnología utilizada por ellos. En la actualidad, la práctica de la medicina en las instituciones de salud y los consultorios, donde se ejerce la cambiante seguridad social produce un estrés adicional al paciente y también al médico. Con el fin de reducir costos, se restringen no solo los horarios de atención, sino la provisión de los medicamentos y ciertos procedimientos de apoyo diagnósticos. Los administradores de las aseguradoras, además de limitar la autonomía del médico en la toma de decisiones, por los protocolos, han reducido sus honorarios y con frecuencia los retardan. Los médicos resultan viendo mas pacientes en el mismo tiempo para mantener sus ingresos, deteriorando aún mas la relación medico-paciente, alejándolo cada vez mas de la medicina basada en la ciencia, del sentido de humanidad y muchas veces de la ética.

Miguel de Unamuno en su ensayo "Del sentimiento trágico de la vida" (de 1913), nos expone el caso de cierto médico parisiense que:

...... *«al ver que en su barrio le quitaba un curandero la clientela, trasladóse a otro, al más distante, donde por nadie era conocido, anunciándose como curandero y conduciéndose como tal. Y al denunciarle por ejercicio ilegal de la Medicina, exhibió su título, viniendo a decir poco más o menos: 'Soy médico, pero si como tal me hubiese anunciado, no habría obtenido la clientela que como curandero tengo; mas ahora, al saber mis clientes que he estudiado medicina y poseo título de médico, huirán de mí a un curandero que les ofrezca la garantía de no haber estudiado, de curar por inspiración'. Y es que se desacredita tanto al curandero a quien se le prueba que no posee título ni hizo estudios, y se desacredita al médico a quien se le prueba que los hizo y que es médico titulado. Porque unos creen en la ciencia y otros creen en la persona, en la inspiración y hasta en la ignorancia».*

EL CURANDERISMO

El Curanderismo[1] es un sistema holístico de ejercicio de la medicina popular latinoamericana y en otras partes del mundo. Este tipo de medicina popular tiene características específicas según el área donde se practica (Perú, Guatemala, Nicaragua, Honduras, Argentina, México, la región suroeste de los Estados Unidos, etc.). El Curanderismo mezcla las creencias religiosas, la fe y la oración con el uso de hierbas, masajes y otros métodos tradicionales de curación. Curanderismo se puede definir como un conjunto de creencias tradicionales, rituales y prácticas que trata

---

(1) *Con extractos tomados de:*
> *Perrone, Bobette, Henrietta H. Stockel, and Victoria Kru Medicine Women, Curanderas, and Women Doctors. Norman, OK: University of Oklahoma Press, 1989.*
> *Sandoval, Annette. Homegrown Healing: Traditional Remedies From Mexico. New York: Berkley Books, 1998.*
> *Trotter, Robert T., II, and Juan Antonio Chavira. Curanderismo: Mexican American Folk Healing. 2nd ed. Athens, GA: The University of Georgia Press, 1997.*

de encontrar cura para necesidades físicas, espirituales, psicológicas y sociales de las personas que la usan. El objetivo del curanderismo es crear un equilibrio entre el paciente y su entorno, sustentando así la salud.

Las antiguas culturas nativas latinoamericanas creían que existía un delicado equilibrio entre salud, naturaleza y religión. La enfermedad ocurre cuando una de estas áreas está fuera de balance. Cuando los conquistadores españoles llegaron en el siglo XVI, trataron de destruir el concepto y la práctica del curanderismo porque la iglesia católica consideró que estas "ciencias" eran blasfemas. Aunque el conocimiento escrito (muy escaso) fue destruido, la sabiduría de las plantas y los procedimientos fue recordada, pasada de generación en generación por los pueblos nativos y se convirtió en una parte integral del proceso de colonialismo y mestizaje. Los sucesivos misioneros españoles que fueron enviados al nuevo mundo introdujeron a los pueblos nativos a la religión católica y a las filosofías curativas europeas. Las oraciones a los santos católicos pronto fueron integradas en rituales curativos. Otra doctrina que fue pasada a los pueblos nativos por los europeos era su creencia en brujería, magias y otras supersticiones, y la filosofía que la enfermedad es causada a menudo por las fuerzas sobrenaturales. A medida que las culturas autóctonas y españolas se entremezclaron a lo largo de los siglos, se formó una nueva cultura, como era la medicina popular del curanderismo. Se explica el por que la oración es la base del curanderismo. Los curanderos tienen una fuerte fe religiosa y creen que se les dió la habilidad de sanar como un don de Dios. Los curanderos establecen sus "altares" y oran a los espíritus y/o a los santos católicos implorando por ayuda en la curación de sus pacientes, a menudo orando a los santos específicos para condiciones particulares de sus pacientes. Por eso, hay un gran elemento de fe y religión en esta práctica. La idea es que Dios puede trabajar por las manos de los curanderos para curar a los enfermos.

Una sesión de sanación tradicional puede incluir uno o más de lo siguiente: limpieza espiritual ("limpia"), ritual, masaje y/o terapia herbal. Los curanderos utilizan una variedad de objetos en sus sesiones de curación, incluyendo hierbas y especias, huevos, animales (cuyes), limones, flores, frutas, agua bendita, fotos de santos, crucifijos, velas, incienso, piedras y diversos aceites. Cada objeto tiene un propósito específico. El agua bendita se usa para protegerse de la negatividad o de los espíritus malignos. Los animales, huevos y los limones se acarician en el cuerpo del paciente para "absorber energías negativas" y "detectar" el órgano afectado (cual Rx, MRI, CAT scaning); las ramas del romero, de la albahaca y de la ruda se cepillan en el cuerpo para quitar negatividad.

Las velas son quemadas para absorber energía negativa y crear un ambiente curativo. Diversas velas coloreadas se queman por diversas razones: rojo para la fuerza, azul para la armonía, color de rosa para la buena voluntad. El incienso se utiliza para purificar la habitación, mientras que el ajo y los aceites se utilizan como protección contra la negatividad y los malos espíritus.

Otro aspecto importante del curanderismo es la idea de que todo lo que nosotros comemos, ingerimos o nos administramos interviene en el equilibrio del cuerpo. Para el curanderismo los desequilibrios existen por un discontrol en ello y también por otras razones como la disfunción de una relación, el desequilibrio de las emociones, el desequilibrio de las hormonas, un cambio de la temperatura o la exposición a algo que le produjo temor, pánico (llamado "mal de susto") y lo que es más incomprensible y menos aceptado el "daño" provocado por terceros ("mal de ojo") o peor aún la "maldad o magia negra".

En sentido general los médicos no creemos en las prácticas del curanderismo. El concenso médico general es que estas prácticas alternativas no son válidas porque son solo una forma de brujería y no son avanzadas. Además, muchos médicos no creen que la medicina y la fe se deben combinar. Sin embargo, es necesario que los médicos reconozcan estas creencias de los curanderos porque una gran parte de la población las incorpora en sus vidas.

Es peligroso para la salud del paciente la actitud negativa que tomemos hacia el curanderismo porque, por esta no aceptación por parte del médico ante las prácticas del curanderismo que todavía existe, hay una falta de la comunicación por parte del paciente con el médico, por temor o vergüenza, tras el haber ido a consultar a un curandero. Como resultado, el paciente puede manifestar efectos adversos o aún morir por una mala combinación de las medicinas herbales con las medicinas recetadas por su médico; el paciente no comunica al médico las ingestas de hierbas o pociones indicadas por su curandero. Por esta razón, es muy importante que los médicos tratemos de educarnos del curanderismo para poder comunicarnos eficientemente con los pacientes y tratar las enfermedades de los pacientes con las medicinas apropiadas.

Uno de los aspectos fundamentales que nos toca vivir a los que nos dedicamos a la medicina en las diferentes especialidades es el factor emocional y psicológico que hace que la psicología sea una herramienta imprescindible para los médicos y en general para todos los profesionales que trabajamos con seres humanos. La Psicología como ciencia no sólo nos aporta los conociminetos de conductas patológicas sino, y lo más importante, de conductas no patológicas y que sin embargo es de primordial importancia conocer para poder establecer una relación idónea Médico-Paciente. En muchos casos el psicólogo forma parte del equipo multidisciplinario para tratar pacientes.

Es incuestionable que desde el punto de vista sociológico y antropológico, las prácticas empíricas de ejercer tanto la medicina alternativa como el curanderismo se encuentran muy ligadas a la forma clásica o medicina tradicional a través de la historia del hombre, llegando incluso hasta nuestros dias enclavadas en países y áreas geográficas donde constituyen una forma de vida y cultura, sin depender del nivel de desarrollo del país. Y lo más sorprendente es que ambas formas de ejercer medicina conviven incluso en países llamados desarrollados con una avanzada tecnología al servicio y con plena accesibilidad a la información, donde la medicina tradicional o científica es de las más avanzadas. Se ha considerado que un tercio de la población mundial utiliza prácticas médicas alternativas en preferencia a la aceptada oficialmente en la búsqueda de su salud.

Estas son las dos caras de la salud, que todo profesional de la salud debe tomar en cuenta en el ejercicio de su práctica: la tradicional (Medicina Científica) y la no tradicional (Medicina Alternativa y el Curanderismo).

MIS EXPERIENCIAS COMO MÉDICO PEDIATRA

A esta altura de lo escrito debo dirigirme al lector en general, y en particular a los lectores científicamente mentalizados, para insistir en manifestar que el ser un usuario asíduo de la "Universidad Digital Internet" me ha permitido acceder a toda la información necesaria a fin de plazmar por escrito mis propias ideas con las cuales he encontrado congruencias en los datos digitales de libre accesibilidad. Dejo además constancia que soy consciente de que lo que he referido hasta aquí y lo que me motiva para seguir narrando en lo sucesivo no es de ninguna manera producto de ningún estudio de base científica. Sostengo que solo me permito expresar parte de mis experiencias, mis conocimientos y mis ideas, sin ningún afán de influenciar ni mucho menos convencer a nadie de ello.

Por lo narrado hasta ahora puedo reafirmar que tanto en mi vida personal ya desde temprana edad, como en mi vida de ejercicio profesional he experimentado una preocupación creciente ante el fenómeno de la muerte y las implicancias de la vida que nos conduce irremediablemente hacia ella. Tal y cual lo señalo (y lo explico) en mi anterior libro "El Reposo del Águila", todos estamos programados en nuestros genes para vivir un tiempo determinado, mas nosotros mismos nos encargamos de acelerar o retardar el proceso de nuestro envejecimiento, con el estilo de vida que llevemos. Hemos aprendido mucho sobre dicho proceso, pero quedan sin responder muchas de las preguntas sobre el momento de la muerte y no sabemos nada, demostrado cintíficamente menos, sobre las experiencias que tienen nuestros pacientes a partir del instante en que se los declara clínicamente muertos. Quizás sólo los que hemos experimentado la luminosidad en el umbral de la muerte podemos dar fe de ello.

En lo que a mí respecta, precísamente en seguimiento a lo referido en todo lo anterior, al habérseme presentado algunas experiencias inexplicables también ya como Médico Pediatra, me permito referir que ante el lecho de muerte de pacientes pude ser testigo de la leve y casi imperceptible sonrisa del moribundo en el que el rostro sufre una transfiguración que transmite una paz interior que contagia a los que lo rodean. Es evidente, a partir de estos hallazgos, que el paciente continua aún consciente del entorno tras haber sido declarado clínicamente muerto. Ello me trae a la memoria un triste caso que no hizo más que comprobar lo acontecido personalmente y que quedó impactado en mi memoria y que ahora paso a narrar.

Sería de esperar que los médicos, con más motivo que nadie, en teoría son el grupo con más posibilidades de encontrar experiencias cercanas a la muerte con sus pacientes. Durante nuestro aprendizaje en las facultades de medicina se nos bombardea constantemente con la idea de que deberíamos guardar muchas reservas ante la expresión que hace el paciente de lo que siente. Un médico presta mucha atención a los "signos objetivos" (ectoscopía, lo que se aprecia) de los procesos de la enfermedad, pero toma los informes "subjetivos" o síntomas con muchas reservas. Es un procedimiento razonable, pues es más factible enfrentarse a lo objetivo. Sin embargo, dicha actitud tiene también el efecto de escondernos las experiencias que nos incumben, pues muy pocos médicos suelen preguntar a los pacientes que han reanimado y familiares, sobre sus sensaciones y percepciones que padecieron durante la crisis. No se dan la oportunidad de inmiscuirse en asuntos que carezcan de explicación científica.

"La paz comienza con una sonrisa"

Una frase de la Santa Madre Teresa de Calcuta, es la mejor expresión que pude encontrar a fin de iniciar mi relato sobre un hecho de vida y muerte que ya como Pediatra experimenté con uno de mis pacientes.

Como ya lo describí en capítulo anterior, siendo Pediatra tuve la oportunidad de establecer un vínculo amical y de extrema confianza, con la familia de mis pacientes. El haber ejercido mi profesión desde los primeros años laborando en la práctica privada y en la Clínica San Borja, una entidad privada que en esos momentos era la de más prestigio en mi país y por ende centro de atención priviligiada, lo anotado en párrafo anterior queda confirmado por un hecho que paso a narrar.

Recibí el encargo de prestar atención y el respectivo seguimiento a un niño que por complicaciones con el parto por retardo en el período expulsivo, tuvo como consecuencia parálisis cerebral severa. El peor síntoma eran las convulsiones las que, a pesar del tratamiento anticonvulsivo, cada vez eran peores. Con cada visita a emergencia el llamado a atenderlo era yo (es lo que los padres exigían, por confianza y yo aceptaba por iniciativa); lo cual me obligaba a dejar de hacer todo para asistirlo, incluso era llamado así estuviese fuera de la clínica. Lo necesario para los padres era que yo participe en su proceso de seguimiento. La imagen de ver al niño primero y luego, con el transcurrir del tiempo, al adolescente, siempre en brazos del padre o de la madre hasta ahora la mantengo en mente; aunque con el tiempo (cuando el paciente rondaba los 10 años), sólo la madre cargaba con él, por un divorcio insoluto.

La situación neurológica del paciente empeoraba cada vez, las convulsiones eran más prolongadas y motivaban su internamiento en cuidados intermedios, ya por rutina cotidiana; en trabajo conjunto con los especialistas comprometidos en el manejo. La grave situación no amilanaba a la madre quien con una abnegación sorprendente nos mostraba una energía tal para soportar no solo el peso del paciente al cargarlo, sino las trasnoches que permanecía inseparable de su hijo. El vivir esto me hizo comprender y valorar el amor materno; puedo afirmar que fue la experiencia más aleccionadora y fortificante de mi vida. Comprendí que no hay vocación más fuerte que la de una madre y mi vocación médica se afianzó. Era mi sacerdocio.

Era desolador para mí el no tener la capacidad de poder aliviar el sufrimiento del paciente y, por supuesto, de la madre. Debido al empeoramiento progresivo del pacientito, varias juntas médicas se llevaron a cabo en el transcurso de los dos años anteriores a su final. Se intentaba desconectar de los instrumentos que le facilitaban "vivir", la negativa de la madre era pertinaz. En una de esas ocasiones yo mismo le pedí que accediera en nombre de Dios, al ver el atroz sufrimeinto de ambos; como única respuesta me dijo: *"...justamente Dios aún no lo quiere con Él y mi "niño" no quiere dejarme, el me avisará y me dará la señal cuando eso deba suceder"*. En ese instante no entendí su respuesta, hubo que transcurrir tiempo para aclarar mi raciocinio.

Llegado el crucial momento, me encontraba justo de guardia en emergencia, hacía ya una semana que el pacientito se encontraba en la unidad de cuidados intensivos; esta oportunidad la crisis había sido tan severa como las tres o cuatro anteriores. La sedación a la que se sometía al paciente como parte del tratamiento, se le había suspendido dos días anteriores pues se encontraba "estable" y en vías de darle de alta. Serían las dos de la mañana cuando recibo la llamada de la enfermera para manifestarme que la madre deseaba hablar conmigo, aparentemente el paciente no mostraba nada alarmante. Había tenido una guardia pesada y aprovechaba para descansar y quise seguir haciéndolo; pero ante la insistencia de la madre por verme, intituívamente, decidí visitar el lecho del paciente. Me sorprendí encontrar a la madre con una tranquilidad asombrosa y al señalarme la faz del paciente sin decirme ninguna palabra ni explicación de su llamado urgente, mi sorpresa inicial se transformó en asombro. El rostro del paciente no mostraba ningún ictus, ni ejercía ningún movimiento que por siempre acompañaba a sus crisis; se le notaba muy relajado (comprobé que no había recibido sedación).

Fue recién que entonces la madre me informó que su hijo le ha manisfestado que ya *"quiere irse"* (debo acotar que el paciente no hablaba, por su misma situación), y por lo tanto se me autorizaba a retirarle los instrumentos. Sin comprender del todo tal actitud, lo hice. Me correspondió quedarme ante el paciente. Transcurrieron unas dos horas y es cuando nuevamente la madre (que se encontraba orando), me señala la cara del paciente diciéndome: *"ya se fue Doctor y está feliz"*; en efecto la faz mostraba una sonrisa que nunca antes le había visto. Era *"la paz que comienza con una sonrisa"*, según expresión de Santa Teresa de Calcuta. Para mí el pacientito tras embelesarse con la luz, hacia ella fue.

Este tipo de experiencia, a mi punto de vista sobrenatural, acaecido ante mi presencia en personas allegadas (familiares o amistades) y en pacientes que me tocó asistir en sus últimos momentos de vida, las viví con un profundo sentimiento de paz y fe que me permitió alcanzar mi propia resignación ante la pérdida. Tales sensaciones ya las he descrito en las primeras páginas al referirme al caso del reciente fallecimiento de mi hermano; con la misma claridad de aquello también había experimentado en oportunidades anteriores con la partida de mi padre y los padres de mi esposa, así como de muchos otros familiares y pacientes. Todos con una sonrisa en la cara, y que ahora me atrevería a clasificar con mayor o menor intensidad y esto lo anoto pues lo aprecié, valga la comparación, entre lo sucedido a mi hermano (muy claro) y ante un gran amigo y colega -

fallecido un año atrás- (menos evidente), quien ya no mostraba la facies de dolor y, sobretodo rencor y odio, que en días anteriores se le apreciaba con solo observarle la cara. En ambos casos la situación particular de cada uno, pienso que eran diferentes y se establecía por dor razones: la primera es la forma en haber llevado su vida familiar y la segunda (lo más importante) es el de adoptar la resignación como herramienta de lucha contra la enfermedad y la muerte. Quien no sabe perdonar y menos pedir perdón reconociendo sus errores y quien no se resigna al hecho de tener que dejar este mundo, no se irá del todo en paz.

Pero ante la inminente muerte, si contamos con el apoyo espiritual de los seres más queridos y mejor aún la asistencia sacerdotal (santos óleos) ante la partida, comprenderemos que Dios existe y sí perdona; permitiendo a todos el apreciar la luz y sonreir, yéndose en completa paz y felicidad. En ambos casos señalados, lo de mi hermano y lo de nuestro colega, la presencia de la familia y del sacerdote fue crucial para ello.

DE LA MANO DE DIOS

Caso Clínico: Curanderismo o "Magia Blanca"

He considerado oportuno incluir lo que sigue, dando espacio al curanderismo, habiéndome referido hasta el momento a la vida y la muerte desde el punto de vista científico-médico e intentando encontrar congruencias con lo que expresa la filosofía y la teología al respecto. Con la misma perspectiva he narrado hechos que me han sucedido, tomándome la libertad de llamarlos sobrenaturales; y ahora por el hecho de haber pasado también por otras circunstancias inexplicables en tal forma que se me hace imposible el agruparlas dentro de lo sobrenatural y mucho menos con alguna explicación científica, me veo obligado a aceptar que tuve que dejar de lado mis conocimientos de medicina y ciertas convicciones religiosas para ceder a la extrema necesidad de recurrir al curanderismo.

Me sucedió ello ante la insistencia del padrino de una de nuestras hijas la misma que prácticamente fue deshausiada por una rara sintomatología donde predominaba una severa y contínua fiebre (hasta de 41 C^0) persistente durante más de cuatro meses, atribuida a un proceso viral desde el inicio.

Tras varios internamientos por diversas clínicas y hospitales, con estudios y evaluaciones por otros tantos especialistas, transcurrieron los días y venían las semanas y luego los meses; no se apreciaba ninguna mejoría. A la fiebre persistente y vómitos eventuales se acompañaba el nulo apetito lo que en conjunto y a pesar del endovenoso por donde se la nutria e hidrataba, nuestra niña fue perdiendo peso marcadamente y el malestar general le había borrado la sonrisa de felicidad con la que siempre nos recibía al llegar de nuestras labores profesionales. Ya ni alcanzaba a mantenerse en pie; las últimas semanas permanecía postrada en cama o en brazos de los que permanecíamos con ella. Se agotaron todas las instancias para tratar de encontrar la causa del mal y por supuesto llegar a un diagnóstico y tratamiento. No se logró. La última sugerencia era la de practicarle una punción medular para descartar algún tipo de leucemia, lo que, debido a su mal estado y muy bajas defensas, mi esposa y yo decidímos el no someterla a ello por el alto peligro de contaminación; además que los estudios de laboratorio, con la opinión negativa para leucemia de un prestigioso Hematólogo, incluídos toda una serie de repetidos hemocultivos, urocultivos y coprocultivos, arrojaban siempre negativo.

Con un cuadro tan grave y con una presunción diagnóstica de tratarse de un proceso viral inespecífico y con pronóstico terminal, aparentemente sin más que hacer, nos refugiamos en casa con nuestra hija puesta solo en manos de Dios. Confiados en que la oración funciona nos convencimos en que solamente Él podría decidir su destino. Y así mismo fue.

Ante tal percance, la vida continúa y las deudas no esperan, más bien se iban incrementando, no se debía abandonar el trabajo. Me encontraba atendiendo consulta en la clínica y era media mañana con una considerable cantidad de pacientes en espera, cuando de repente con una niña en la camilla examinándola me vino una horrible sensación de angustia o presentimiento. Me dije "mi hija se está muriendo", le pedí a la secretaria que llame al Pediatra asistente de la emergencia para que suba a continuar con mi consulta. Raudo me encaminé al parqueo tomé mi auto y conduje a casa. Al llegar a mi hogar y comprobar que el auto de mi hermano, padrino de nuestra hija, se encontraba estacionado en la puerta, mi angustia se convirtió en temor y desesperación, ya temía lo peor. Me recibe mi hermano y me pide que no entre por la puerta principal sino por el garaje ante cuya puerta él se hallaba cediéndome el paso. Sin darme mayor explicación ya en el interior del garaje me presenta a un Sr. que no conocía, de nombre Walter.

Walter aumenta mi sorpresa e incertidumbre al manifestarme: *"no se angustie ante mi presencia y gracias por venir, yo lo he llamado* -no se me pasó ninguna llamada telefónica en la consulta-, *por favor todo esta bien, cálmese....su hermano me ha traído para "curar a su hija", sé que Ud. no cree en estas cosas....pero no le pido que se confie en mí sino en Dios, mediante su hijo Jesucristo quien en realidad fue quien me trajo aquí".* Como si hubiese recibido una dosis de sedante inmediatamente activo, me logré calmar. Era un curandero (sabía yo que mi hermano sí creía en tal práctica e incluso recordé que en algún momento me sugirió acudir a ello). Walter continúo: *"ya sabemos la causa del mal que aqueja a la niña, venga conmigo hacia adentro"*.

Recién pude ver a mi niña en los brazos de su madre, la noté tranquila y observando todo a su alrededor, admirada, al divisarme me abrió sus brazitos y su expontánea expresión (ya no vuelta a apreciar desde hacía unos meses), me dió la tranquilidad necesaria. Walter nos explicó sus conclusiones dando gracias a Dios y a santos, pidiéndonos que oremos con él a fin de que Cristo y todos los santos permitan alejar a los "malos espíritus" de la niña afectada, según Walter, por un "susto de mar", ante el cual se la había expuesto y que le había provocado tal mal. Nadie le había hecho esa referencia; el como lo supo o lo supuso me sorprendió más aún y no quise indagar más al respecto; eso sí logró que yo aceptara de inmediato sus procedimientos con tal de haber encontrado alguna otra alternativa a la curación de nuestra amada hija.

En lo que respecta al hecho ante el mar debo acotar que ciertamente, yo mismo había llevado a nuestras cuatro hijas hacia una famosa playa al norte de Lima, el fin de semana anterior al inicio de las molestias de la bebe, mi esposa se encontraba de guardia. Como en cada visita a la playa y disfrutando el momento, siempre les elaboraba unas pozas en la arena hacia donde alcanzan las olas ya "reventadas"; teniendo a mi hija sumergida en una de las pozas, de improviso una gran ola nos envolvió, tomé a la niña de los brazos y la levanté, ante la enorme impresión la niña, muy asustada, comenzó a llorar en forma desconsolada. Grande fue el susto de todos, pero al parecer superado por la mayoría no así por élla; hecho que comprobaba el "susto de mar", a criterio de Walter, y lo que mi ví forzado a aceptar.

Esto era un susto o espanto, perdida del alma o del espíritu: en el conocimiento popular un adulto o niño es diagnosticado con el "mal del susto" o espanto cuando a raíz de una fuerte impresión entra en un estado continuo de sobresalto, somnolencia, decaimiento y debilidad general; y se considera, que en caso de no hacerse prontamente las curas para recuperar la tranquilidad, y en su momento el alma, la persona puede llegar hasta a morir. El susto es referido como resultado de un gran sobresalto que ocurre a raíz de un evento repentino como un fuerte estruendo, la caída de un rayo cerca, recibir una noticia muy desagradable, verse amenazado a grado extremo de muerte y hasta de causas sobrenaturales, como declarar haber visto un espectro.

Desde el punto de vista médico un "susto" o mejor expresado estrés excesivo, es lo que a mi parecer puede desencadenar un "cascada hormonal" tal como en algunos casos clínicos apreciados personalmente, tanto en niños como en adultos. Un ejemplo de ello es la Diabetes Insípida Central (DIC), un trastorno raro que se caracteriza por sed excesiva (polidipsia) y exceso de orina (poliuria). En algunos casos de diabetes insípida, la medicina nunca llega a determinar la causa; en un tercio de los casos, no se puede identificar ninguna causa específica (idiopática) y puede ser autoinmune en la etiología. No está relacionado con la diabetes mellitus que es más común, en la que el cuerpo no produce ni usa insulina de manera adecuada. La DIC es un trastorno distinto causado por la deficiencia completa o parcial de la hormona antidiurética o arginina vasopresina (AVP), que es requerida por los riñones para controlar el equilibrio hídrico en el cuerpo. Esta deficiencia generalmente resulta del daño al hipotálamo o la glándula pituitaria. Hipotálamo es una porción del cerebro que actúa como un enlace entre el cerebro y los sistemas endocrinos. El hipotálamo libera neurohormonas que influyen en la secreción de otras hormonas, como las que ayudan en la regulación de varios procesos metabólicos, crecimiento, función reproductiva y funciones autónomas del cuerpo. Una de las sustancias secretadas por el hipotálamo es AVP, que viaja a través de fibras nerviosas a la glándula pituitaria posterior. La pituitaria es una pequeña glándula ubicada cerca de la base del cerebro que almacena varias hormonas y las libera en el torrente sanguíneo según lo necesite el cuerpo. Estas hormonas en conjunto regulan a las otras glándulas fuera del cerebro y muchas funciones corporales; por eso es que, una disfunción del hipotálamo puede desencadenar lo que en medicina se llama una "cascada hormonal", con múltiples manifestaciones clínicas.

En el caso de DIC, si las personas afectadas no tienen acceso al agua, puede producirse deshidratación. Eventualmente, pueden desarrollarse síntomas más serios, incluidos los cambios en la conciencia y la confusión asociados con la deshidratación y la elevación de la concentración sérica de sodio (deshidratación hipertónica). En los bebés, pueden aparecer síntomas adicionales que incluyen irritabilidad, letargo, vómitos, estreñimiento y fiebre. Si no se trata, los episodios repetidos de deshidratación pueden provocar convulsiones, daño cerebral, retrasos en el desarrollo y retraso mental y físico. Sin embargo, con un diagnóstico adecuado y un tratamiento rápido, la inteligencia y el desarrollo suelen ser normales a menos que se asocien problemas más globales en el desarrollo del cerebro. Los niños afectados pueden desarrollar enuresis, fatiga, pérdida de peso y retraso del crecimiento.

Con todo esto en mente, una sola condición le puse a Walter para permitirle el "tratamiento" que aplicaría a mi hija, lo cual él se esmeró en explicárnoslo; le pedí no ofrecerle ningún tipo de "pócima" ni otras ingestas orales ni aspirativas a "su paciente", sólo se limitase a procedimientos externos. Llegados a un acuerdo, mi esposa y yo permitimos todos sus "procedimientos" que tomarían, nos advirtió, varias sesiones. En cada una de las sesiones, en forma alterna, se incluían rezos, saumerios, "pasada de huevos frescos de gallina de corral", "escupitazos" con insumos herbales y fumarolas de habanos de parte de Walter, mientras que su esposa hacia lo propio dirigida a todos los presentes; aplicación de aceites, rociado de perfumes con flores, encendido de velas y algodones empapados en agua bendita que se pasaron por todo el cuerpo de la niña, eran parte de tal "ceremonia".

Nos impuso que un vaso lleno con tal agua bendita debería de permanecer en el velador, con el copo de algodón debajo de la almohada, toda la noche para ser cambiados al dia siguiente. En la penúltima sesión, Walter nos había indicado que deberíamos de estar observando el agua cristalina contenida en el vaso a las 12 de la noche de cada día y que al cuarto día la bebe se despertaría completamente sana y pidiendo comida. Debo acotar que desde el primer día de la visita de don Walter, nuestra niña manifestó una mejoría notoria; por encanto las altas temperaturas desaparecieron, toleraba lo poco que ingería y su estado de ánimo cada vez era mejor.

No apreciamos nada raro en el vaso con agua en las primeras tres noches; pero en la noche anterior al cuarto día señalado por Walter, repentínamente, a las 12 en punto de la noche se notó claramente como brotaban muy pequeñas burbujas del fondo del vaso con agua y por el centro mismo ascendían hacia la superficie explotando allí. Era como si hubiésemos puesto un pellizco de "alkazelzer" en el fondo del vaso. Inexplicable.

Al día siguiente la niña, despertó entusiasmada como si nada y solicitando "teta y pan". Cuando Walter vino el mismo día, nuestra niña al verlo gritó: "mi doctor", corriendo a sus brazos plena de felicidad. Han pasado 36 años de aquello y podemos asegurar que Dios nos demostró su amor y que utilizó a Walter como un intermediario a quien dotó de un don incomprensible para el ser humano y no refutable ni demostrado aún por la ciencia.

PENSAMIENTO MÁGICO

Con dos experiencias pasadas y narradas ya (mi presencia ante el umbral de la muerte y el milagro sucedido a una de nuestras hijas), ambas por mí relacionadas: la primera a lo sobrenatural y la segunda como un acto de fe en Dios que produjo la curación de mi niña, por acción del curanderismo, inexplicable para cualquier razonamiento lógico, que aplicada a mi fe católica sería un milagro. Como lo he tratado de explicar desde un inicio de este libro, por mi condición de Médico me incliné a buscar causales científicas para ambos raros fenómenos. En estas indagaciones me viene a la memoria una combinación de dos palabras que en el desarrollo del curso de Psiquiatría me inclinaron a pensar que en ellas podría encontrar la respuesta a lo que me sucedió en mi experiencia con el mar. Pensé que en medio del suceso habría mi cerebro elaborado un pensamiento mágico. En la Facultad de Medicina los profesores de Psiquiatría nos explicaban que el pensamiento mágico hace referencia a una forma de pensar del ser humano que se basa en la imaginación, las tradiciones, las emociones, la sugestión o la fe, lo que hace que sus expresiones carezcan de una argumentación lógica.

El pensamiento mágico se manifiesta más entre los niños (de allí la predilección por la fantasía y me atrevería a asegurar, la adicción y gran influencia de los juegos digitales de esta época; sus creadores los producen a sabiendas creando fantasías en la mente infantil y también proyectándose a los adultos, todos explotando su propio pensamiento mágico). En toda época de la evolución humana se ha manifestado esto en sus obras, sus creencias, sus superticiones. En la Medicina Humana, el pensamiento mágico también se puede encontrar entre personas con un trastorno psiquiátrico de tipo obsesivo-compulsivo. Uno de los síntomas de la demencia es el pensamiento mágico. La característica de esta forma de pensar es creer que se puede dominar la realidad con la mente.

Sin embargo, un pensamiento se puede hacer realidad y no necesariamente significa que sea mágico y este es un misterio que desvela al hombre desde el inicio de la humanidad. Y los que hemos experimentado hechos como los hasta ahora narrados, lo podemos entender mejor. Hay que "experimentar" para poder comprender. Gracias a Dios, habiendo alcanzado la tercera edad y como médico confirmo que no padezco aún de ningún transtorno psiquiátrico-psicológico.

A propósito, ya en este punto de mi escritura y por todo lo manifestado hasta ahora, podría afirmar que quizás gracias a ese pensamiento mágico es que salimos de la situación que se nos presente como reto a enfrentar. Gracias a ese pensar se decide la acción a tomar a última instancia a fin de solucionar o enfrentar algún peligro a lo que nuestro cuerpo esta expuesto. El cerebro toma la iniciativa de someterte a ello. En mi experiencia, ante el vórtice que produjo el golpe de la ola y tras pasar por todo lo ya narrado donde el tiempo "se detuvo" para mí, de un momento a otro sentí el impulso de mantener mi cuerpo vertical y buscar el fondo para impulsarme y salir a la superficie, tuve suerte y no estaba tan profundo, lo logré pero mas no recuerdo hasta volver a la conciencia, ya rodeado por los que me reanimaron.

Al respecto, el Dr. Deepak Chopra[2], una de las principales figuras en el campo de la medicina holística y la espiritualidad, considerado el poeta y profeta de la medicina alternativa, nos dice que el pensamiento mágico opera de una manera diferente al de la mayoría según el principio de la "auto referencia", o sea que la realidad se percibe desde la interioridad según los sentimientos y las intuiciones y no desde lo externo. Vivir de acuerdo a este principio hace posible que un cambio de conciencia produzca un cambio en el cuerpo.

Las personas que basan su pensamiento tomando como referencia a los objetos suponen tácitamente que su mente no tiene ninguna influencia sobre el mundo exterior. El Dr. Chopra asegura que si pudiéramos imaginar una realidad enteramente centrada en uno mismo se podría vivir con mucho éxito. Sostiene que muchas veces nos ocurren acontecimientos que no se pueden explicar porque únicamente hemos pasado detalles por alto que explicarían una relación entre los acontecimientos y los pensamientos. Chopra argumenta que el pensamiento mágico se haría factible cuando la persona evalúa la realidad desde su interior y no desde el exterior. El comportamiento cultural humano es muy probable que provenga de trastornos obsesivos-compulsivos que se han aceptado socialmente y actualmente se llevan a la práctica como algo tan normal. En la mayoría de las sociedades el pensamiento científico se ha impuesto ante el pensamiento mágico pero sin llegar a reemplazarlo completamente ya que a muchos individuos el pensamiento mágico les proporciona respuestas a todos sus miedos. Según el Dr. Chopra el pensamiento mágico está caracterizado por estar fundamentado en creencias no racionales de un individuo o de varios; para él todas las personas que experimentan dicho pensamiento mágico no ponen en duda sus especulaciones.

---

(2) *Deepak Chopra (India, 1947) es un autor americano de origen indio, orador público, defensor de la Medicina Alternativa, y una figura prominente en el movimiento de la nueva era. A través de sus libros y videos, él se ha convertido en una de las figuras más conocidas y más ricas de la medicina alternativa. Chopra estudió medicina en la India antes de emigrar a los Estados Unidos en 1970 donde completó residencias en Medicina Interna y Endocrinología. Como médico licenciado, se convirtió en jefe de personal en el Hospital Memorial de Nueva Inglaterra en 1980. Autor de numerosos libros que han ayudado a millones de personas a comprenderse mejor y a vivir una vida más plena. Fundador del Centro Chopra, es el principal difusor de la filosofía oriental en el mundo occidental.*

No es mi intención establecer pautas sobre un tema tan complejo y menos me considero un experto en ello; por eso recurro a la información que nos ofrecen los profesionales o estudiosos de la materia y que pongo como referencia. La sola palabra "mágico" no tiene un valor científico y para muchos es producto de la ignorancia, de lo primitivo y para la mayoría, un tono siniestro, relacionado con todo lo oscuro; pero si se aprende a utilizar el pensamiento mágico, este nos abrirá la puerta a la fuente de la fe, de los milagros. Lo mencioné líneas arriba, los niños y muchos adultos de la época cibernética en que vivimos, conviven ligados a su inseparable teléfono inteligente, tablet, laptop o computadora como ya "parte integral" de su personalidad y ante lo cual los adultos mayores, para no quedar fuera del "mundo digital", nos vemos obligados también a "conectarnos", sin habérsenos propuesto, estamos poniendo a trabajar a nuestro Pensamiento Mágico, indirectamente.

Diría, ante tremenda evidencia, que estamos utilisando "nuestro pensamiento mágico-digital" ahora facilitados por la tecnología del Internet. Esto nos permite, al "conectarnos" con la computadora, explayar nuestra mente (nuestro pensamiento mágico) siguiendo los lineamientos que nos da la máquina ultramoderna (pensamiento digital), logrando así "ver y conversar" a la distancia con otras personas, aunque estemos muy alejados; pero nos "alejamos" de las personas que tenemos al frente. ¿Esto nos permitiría acaso poner en práctica y comprobar lo que el Dr. Chopra argumenta al decir que *"el pensamiento mágico se haría factible cuando la persona evalúa la realidad desde su interior y no desde el exterior"?*.

Creo que no, porque lo que le ofrece la computadora es una "realidad" creada por otra mente. La persona se "crea" una realidad interior basado, justamente en su exterior, y ordenado por el computador. El concentrarse en la pantalla del instrumento digital y poner en práctica las indicaciones que le da la máquina, la persona razona, sí, pero dándole uso a su pensamiento, que me atrevería a llamar mágico-digital, ya que ejecuta acciones como resultado de lo razonado, pero ya pre-elaborado por el creador del programa. Este proceso ante lo digital se vuelve repetitivo y adictivo a la vez, que considero mas bien perjudicial para el desarrollo y correcto uso de nuestro pensamiento mágico.

Siguiendo con las perspectivas del Dr. Chopra; una creencia solo sirve para satisfacer un deseo que normalmente es imaginario o irracional, por lo que un grupo de personas que tengan una creencia darán por buena una proposición y actuarán como si fuera verdadera. Para Chopra el pensamiento mágico se expresa en el ser humano en diferentes aspectos y prácticas como:

> La magia, es la capacidad del ser humano de modificar la realidad. La magia muchas veces se denomina brujería. Frecuentemente se deduce que las sociedades primitivas siempre han creído y creen que un objeto de última generación es producto de la brujería.
> La religión, es una creencia que tiene que ver con lo sobrenatural, es decir, con lo que no se percibe racionalmente.
> El ocultismo, es el estudio que se centra en doctrinas ocultas de la religión y de la filosofía, sobre todo centrándose en lo paranormal.
> El esoterismo, es el estudio de corrientes religiosas y filosóficas, pero que para el público resultan desconocidas.
> La superstición, es la creencia de algo irracional como el rezo, los conjuros las maldiciones, o de acontecimientos como por ejemplo el martes 13. Se incluyen entre las supersticiones la adivinación y sus distintas disciplinas practicadas: astrología, quiromancia, cartomancia o tarot, geomancia o feng-shui, espiritismo, el curanderismo, etcétera.
> Seudociencia, es un término que da cuenta de un conjunto de supuestos conocimientos, metodologías, prácticas o creencias no científicas pero que reclaman ser de carácter cientifico. Este concepto es utilizado por los enfoques epistemológicos preocupados por el criterio de demarcación de la ciencia y tiene mayor consenso entre las ciencias exactas y naturales.

En la antigüedad, desde las cavernas, el ser humano pensaba que cosas como las estrellas y astros, la lluvia, los relámpagos u otros fenómenos atmosféricos y la propia naturaleza, eran algo que iba más allá de lo racional para ellos y que era algo mágico. Ahora y gracias a las explicaciones que la ciencia nos ha dado consideramos que tales insrguridades de nuestros antepasados son por completo normales, no mágicos. Actualmente el hombre se supone que se ha vuelto un ser racional y que ha evolucionado respecto a ese tema, pero no es así porque aún el ser humano a las cosas o acciones que sobrepasan su mente, su entendimiento, su raciocinio; las considera algo sobrenatural, paranormal o simplemente mágico.

Pero en realidad deberíamos de preguntarnos si de verdad nos gustaría tener un mundo sin milagros, sin nada que comprender, que todo tenga una explicación racional; todos pensaríamos que no, ya que si no, se perderían cosas esenciales como la incertidumbre o el qué pasará el día de mañana; porque si todo fuera racional y no hubiera nada que sobrepasara nuestros límites se perderían cosas como esas que nos hacen vivir el día a día con mas intensidad.

Lo inexplicable y el pensamiento mágico: brujería

Por la facilidad que nos ofrece el Internet como una biblioteca digital de libre acceso es que uno puede permitirse la búsqueda de temas que guarden relación con lo que uno desee aclarar o ampliar respecto a sus propios conocimientos y experiencias vividas y así poder transmitirlos a los demás (si lo deseamos, con el simple propósito de compartir algo bueno y útil, como lo intento hacer en mis escritos); sería el sano compartir de las ideas o el producto de nuestro pensamiento mágico. Con esto en consideración hasta ahora he tocado temas que me han sucedido directamente.

Abarqué temas de curanderismo y pensamiento mágico por considerar que me servían para aclarar conceptos en hechos ya narrados y proyectarme también al hecho de intentar explicar lo que narraré a continuación. No debemos confundir curanderismo con la magia o la brujería. El curanderismo es una tradición que, como su propio nombre indica, trata de curar enfermedades mediante el uso de hierbas, hechizos, ensalmos y otros elementos naturales. La magia es el arte con el que mediante conocimientos y prácticas, se pretende producir resultados contrarios a las leyes naturales conocidas, valiéndose de ciertos actos o palabras.

El pensamiento mágico es el origen de la magia, como hemos visto, son ciertas creencias carentes de lógica. El pensamiento mágico suele estar basado en las percepciones síquicas subjetivas del individuo y/o de un colectivo, pudiendo haber sido condicionado por otras personas que hayan conocido o aceptado de algún modo las teorías de dichos individuos con esas creencias. La magia busca el entrener, más no el producir daño alguno.

La brujería, por lo contrario, dentro de la concepción de la magia y del pensamiento mágico, es el conjunto de creencias, conocimientos prácticos y actividades anormales que son practicadas por ciertas personas llamadas brujos/as que están supuestamente dotadas de ciertas habilidades mágicas o dones, los que emplean con la finalidad de causar daño a otras personas. La brujería conserva una gran importancia en el folclore de muchas culturas y forman parte de la cultura popular. La creencia en la brujería proviene desde la más remota antigüedad, y las interpretaciones del fenómeno varían significativamente de una cultura a otra. Por ejemplo, en el occidente cristiano, la brujería se ha relacionado frecuentemente con la creencia en el diablo, especialmente durante la Edad Media y Moderna, en que se desató en Europa tal obsesión por la brujería que desembocó en numerosos procesos y ejecuciones de brujas (la "caza de brujas").

Caso Clínico: "Magia Negra"

Abarcar el tema de "magia negra" y que de por sí es ajeno a cualquier lógica, no se me ha hecho fácil. Pero habiéndolo vivido como producto de una consulta médica que tanto mi esposa y yo compartimos con una de sus pacientes afectada por una sintomatología cíclica y puntual en donde la molestia del dolor era preponderante. Como resultado de lo actuado a fin de remediar su malestar y por por las contínuas visitas médicas iniciales y posteriores basadas en la confianza que adoptaron no solo la paciente sino toda la familia hacia mi esposa como internista y cirujano y hacia mí como pediatra de sus hijos y amigo, lo de cliente y médico como relación inicial se convirtió en una relación amical que perdura hasta ahora.

En la terminología tradicional de ocultismo, la "magia negra" (o brujería propiamente dicha), es una magia malévola que procura hacer daño, mientras que la "magia blanca" se usa para sanar y para otros propósitos benévolos. El hecho de iniciar esta narración real con una diferencia establecida por Walter (el "doctor" de mi hija), es que debido a lo acontecido con nuestra paciente y gran amiga y al no encontrar forma de restablecer su salud por medios científicos tuvimos que acudir nuevamente a Walter; él nos aseguraba que solo practicaba la "magia blanca" y que mediante ella intentaría bloquear el maleficio que acontecía a nuestra paciente, a quien llamaré Alma por razones obvias.

Alma era gerente de una progresiva empresa familiar y ejemplar madre de familia. Siendo yo el Pediatra de los niños y mi esposa la Dra. de los adultos de la familia, se estableció una gran amistad y confianza mútua; tal es así que ante lo sucedido con nuestra hija, ella y su esposo fueron parte del gran apoyo moral que recibimos por los familiares y selectas amistades. Entre el ir y venir de consultas para ser atendidos en nuestra oficina médica, con los niños y adultos por diversas molestias, enfermedades y controles rutinarios, Alma comenzó a manifestar síntomas sin poder llegar a hacerse unidad clínica entre sí, que permitiese llegar a un diagnóstico definitivo. El malestar que predominaba era el dolor que se intensificaba cada vez más, dolor que comprometía muchos órganos o partes imprecisas, no focalizadas del cuerpo. Con síntomas imprecisos y ansiedad con labilidad emocional agregada y ante un dolor tan migrante e intenso era imposible enmarcar una entidad clínica, incluyendo algún tipo de hipocondría. Los sedantes, analgésicos y apoyo psicológico no eran suficientes para lograr el alivio. A Alma se le agregó molestias digestivas (nos parecían neurovegetativas, sugestión tan profunda que llega a afectar el sistema neurovegetativo -se produce un discontrol cardiovascular, respiratorio, digestivo y hormonal-). Ni los exámenes auxiliares ayudaban en el posible diagnóstico.

Acompañando a todo aquello se acentuaba también la pérdida de apetito y, por consiguiente, la pérdida de peso era muy evidente, aunado al malestar general y acentuada somnolencia diurna, sin llegar a conciliar el sueño nocturno por los dolores migrantes. Ante tal obscuro panorama uno se sentía atado de manos, y sin explicaciones científicas. Una llamada telefónica del esposo que nos anunciaba la necesidad de ir a evaluarla a su oficina pues Alma se encontraba en una severa crisis de llanto y sin querer movilizarse. Un mensajero le había hecho llegar en caja de zapatos conteniendo una rústica muñeca de trapo con alfileres clavados en diferentes zonas que al deducirse ubicaban anatómicamente diversos órganos, incluyendo varios puntos del cráneo. Mi esposa y yo fijamos la vista en tal espanto de objeto y nos miramos, deducimos que los dolores y la sintomatología coincidían con los órganos y sistemas que señalaban los alfileres. Se nos vino a la mente la figura y el nombre de Walter, tendríamos que recurrir donde él, tal cual lo hicimos muchos años atrás con nuestra propia hija.

Convencimos a Alma y esposo, previa explicación de nuestras impresiones, que lo mejor que podríamos intentar es consultar a Walter ya que ante la presencia de aquel artefacto malefisioso, como médicos, no podríamos hacer absolutamente nada. Llamé a mi hermano quien conocía el domicilio de dicho personaje pues no se contaba con el teléfono de él. Llegados a las faldas de un cerro, fuera de la ciudad de Lima y como si nos estuviese esperando, Walter nos recibió en su "consultorio" y nos pidió que dejésemos la caja en una mesa que hacía las veces de su escritorio. Al examinar la muñeca Walter nos informó que era producto de un "maleficio" y que alguien pretendía hacer sufrir a Alma hasta provocarle la muerte, era "magia negra". Nos conminó a asistir las veces necesarias a sesiones de "sanación" a llevarse a cabo en forma sucesiva y en días a determinar en cada sesión; tales reuniones se iniciarían al dia siguiente en su "consultorio" a las 12 de la noche. Sostuvo además que era obligatorio que todo aquel que hubiese tenido contacto con el artefacto estuviese presente en tal ceremonia de inicio, con la finalidad de que Alma se sienta apoyada y con mas energía positiva alrededor. A pesar de que yo no estaba nada convencido de esa teoría, Walter parece que leyó mis pensamientos y me manifestó: *"Ud. también doctor tiene que venir, sé que no cree en esto pero ha manipulado la pieza sacándola de la caja...",* lo cual era cierto, me sorprendió como pudo saberlo si no se lo habíamos dicho, en efecto yo me atreví a sacar la muñeca en su momento. Por lo que quedé muy convencido de acudir a la cita. Walter aseguraba que tal "mal" se había elaborado dentro de su propio negocio, por lo tanto pidió a Alma y esposo que traigan a la sesión del día siguiente las fotos de todos sus empleados, incluyendo las de ellos.

Alma, como persona organizada, contaba con los récords de cada persona que laboraba en la empresa, por lo que le fue posible cumplir con el pedido de Walter, siguiendo las indicaciones de no dar explicaciones a nadie sobre lo que se estaba haciendo. Al día siguiente y siendo las doce de medianoche en punto, nos encontramos inmiscuidos en una ceremonia típica de este tipo de prácticas de curanderismo, que ya describí en párrafos anteriores. Más no éramos los únicos en el salón pues en gran circulo y tomados de las manos rodeábamos a Walter unas 25 personas, mientras su esposa nos rociaba con "agua bendita" y fumarolas de habano en la nuca, ambos curanderos "orando" en frases incomprensibles. Obligándonos a tocar dos piezas de bronce representando a un ángel (la bendición) y otro a un toro (la fortaleza), con pasada de huevo incluido, además de otros procedimientos que se me hace perezo el solo mencionarlos. Después de casi una hora de tal actividad, llevada a cabo en la sala de la casa, la esposa de Walter nos ofrecía a pasar a su "consultorio" personalmente o en grupos, de acuerdo a cada "caso". Alma y su esposo, mi esposa y yo, fuimos los cuartos en turno para sentarnos ante Walter; la paciencia (y la curiosidad) nos permitió la espera, eran pasadas las dos de la madrugada.

Nos vimos con una treintena de fotos ordenadas a disponer sobre la mesa con la faz hacia abajo, con fumarolas e inciensos de por medio que esparcía la esposa a espaldas nuestras y Walter implorando a ángeles, santos y a Dios con oraciones y frases al parecer en otro idioma, pues no se le entendía. Alma y su esposo, mi esposa y yo con los ojos muy abiertos, mientras Walter permanecía con los ojos cerrados pero pasando las manos sobre las fotos en medio de sus raros rezos. Súbitamente empezó a separarlas una a una con el dedo índice derecho formando pequeños grupos que luego (continuando con sus rezos y pedidos a los ángeles), con la palma de ambas manos fue indicando a Alma, uno a uno, los grupos que sin ver las fotos las guardase en el sobre en que las había traído. Quedó solo un grupo de seis fotos del que separó dos fotos sin ofrecer alguna explicación sobre ellas inicialmente, y las dejó para el final. Con el índice fue colocando una por una las cuatro restantes fotos frente a Alma, para que les dé vuelta a fin de identificar al personaje, previa descripción que le ofrecía Walter en medio de rezos y fumarolas.

Con la primera foto Walter describía una persona de sexo masculino, un joven de contextura delgada y bajo de estatura, afirmando además que dicha persona traía y llevaba mensajes o envíos dentro y fuera de la empresa y era el nexo con la persona encargada del "embrujo"; dicho ello pidió a Alma que voltee la foto y confirme sí, según las referencias dadas, encajaba con la descripción. La sorpresa se fue acentuando, junto con la impaciencia, a medida que Walter describía cada una de las personas representadas en su respectiva foto, que tanto Alma como su esposo identificaban por su nombre, quienes al parecer ya lo hacían con la sola descripción que Walter refería de éllas. Con la misma rutina ceremonial y tras exacta descripción se identificó a la segunda persona como la contadora de la empresa, que se encargó de contratar a la "hechizera"; la tercera y cuarta persona fueron descritas como familiares muy cercanos pero recelosos con la posición que ocupaba Alma en la empresa, fueron señalados como los "financistas" de la operación de "magia negra"; fue muy notorio la expresión de incredulidad y mayor aún la sorpresa de Alma y su esposo al comprobar con las fotos que correspondían al tío y su hijo, lo que ya habían deducido con la descripción que hizo Walter.

La inquietud por las otras dos fotos no se hizo esperar; Walter manifestó que no se preucupen, que gracias al amor de toda la vida que estas personas le daban a Alma era que se podrá eliminar el "conjuro" y terminó diciendo que donde hay amor y fe en Dios nunca triunfa el "demonio". Por eso sus fotos se mezclaron con el resto, estos seres queridos siempre velaban por Alma y su familia nuclear. Eran su madre y otro tío, segundo hermano de aquella; ambos dueños de la empresa.

Finalmente Walter dejó a consideración de Alma y su esposo que medidas tomar respecto a tales cuatro personajes descubiertos; pero ante la solicitud de alguna sugerencia de ambos, Walter les sugirió que no tomen ninguna medida inmediata y que no hagan ningún comentario de lo sucedido y actuado, pues en el transcurso de pocas semanas uno a uno tomarían la iniciativa de renunciar ante un temor desconocido, que ellos mismos no lo entenderían. Y así fue.

Alma y su esposo continuaron con no sé cuantas sesiones más pero la clara y favorable evolución se apreciaba con cada encuentro que teníamos, tanto en la consulta médica como en el compartir momentos amicales. Alma volvió a ser la misma persona que era antes de ser "embrujada", recuperando la salud por completo.

Tan grande fue la impresión de ésa primera sesión, que para mí fue más que suficiente y decidí no asistir a ninguna otra (menos mal que Walter no insistió en ello). Pero en mí quedó la satisfacción de haber estado presente ante tal experiencia la que me permitió ahondar mi vocación de servicio al más necesitado y amplió mi horizonte en conocimiento humano sobre lo que la universidad no me enseño y sobre lo que la vida nos permite experimentar a diario, a fin de que usando ambos elementos (el conocimiento y la experiencia), pueda uno profundizar la fe y dar gracias a Dios por ofrecernos tal oportunidad: el vivir, aprender, experimentar y compartir con amor con los demás.

IV

AFRONTANDO LA VIDA

El "SÍ" y el "NO"

ACTITUD POSITIVA

El Dr. Christiaan Barnard[1], en múltiples libros plasmó su pensar en referencia a la manera de enfrentar la vida en forma positiva. Estableció su concepto de Actitud Positiva en frases que en conjunto sirvieron de parámetro en la conducta a seguir para muchos que, como yo, nos encontramos en algún momento de la vida con las dudas e incertidumbres que nos hacen dudar de enfrentarlas con un "sí" o con un "no" como respuesta. Al leer estas expresiones, en su oportunidad hace ya muchos años, decidí pensar positivamente ante cualquier adversidad. Y me ha servido hasta ahora; incluso ante la indecisión de escribir o no sobre los temas que he venido tratando por considerarlos demasiado controversiales, el sólo repasar lo dicho por el Dr. Barnard me sirvió no solo para llegar hasta el capítulo anterior, sino que decidí crear este cuarto capítulo porque considero que manifestarse positivamente en la vida es que determina lo que nos espera en el tiempo de existencia que nos quede.

Me permito agregar el pensamiento del Dr. Barnard en sus frases:

"Si piensas que estas vencido, lo estás.
Si piensas que no te atreves, no lo harás.
Si piensas que te gustaría ganar, pero que no puedes,
no lo lograrás.
Si piensas que perderás, ya has perdido.
Porque en el mundo encontrarás que el éxito comienza con la voluntad
del hombre. Todo esta en la actitud mental.
Porque muchas carreras se han perdido, antes de haberse corrido.
Piensa en grande y tus hechos crecerán. Piensa en pequeño y quedaras
atrás. Piensa que puedes y podrás.
Todo está en la actitud mental.
La batalla de la vida no siempre la gana el más fuerte
o el más rápido.
Tarde o temprano, aquel que gana, es el que cree poder hacerlo".

La raza humana por siempre se ha visto limitada a dos alternativas para tomar una decisión, el "sí" (lo positivo, lo bueno, lo justo, la salud, ser rico, etc.) y el "no" (lo negativo, lo malo, lo injusto, la enfermedad, ser pobre, etc.). El libro de Génesis dice: *"Entonces dijo Dios: Hagamos al hombre a nuestra imagen... y señorée todo lo creado"*; Dios hizo al hombre para que tuviera dominio. Creó a Adán y Eva, los instaló en un hermoso jardín, el paraíso, donde todo era bueno ("Sí"), no existía la maldad ("No"). De todos los árboles frutales solo había uno del que les prohibió comer: el *"árbol del conocimiento de lo bueno y lo malo"*, y Dios advirtió a Adán: *"En el día que comas del árbol del conocimiento, morirás"*. Nuestros padres desobedecieron lo dictado por su creador y habiendo sido creados para que solo disfruten de todo lo bueno, al conocer el mal fueron "expulsados" del paraíso. Este fue el "pecado original" con lo que sentenciaron a su descendencia padecer en su naturaleza y su situación ante Dios. Aún antes de que se tenga edad suficiente para decidir conscientemente por sí mismo, entre el bien y el mal, la descendencia fue castigada al haberse afectado hasta su misma composición genética.

Si bien es cierto que Adán y Eva vivieron cientos de años, "el día" en que desobedecieron empezaron a morir. En mi libro "El Reposo del Águila" trato de exponer algunos conceptos científicos sobre el proceso de envejecimiento a que fuimos "condenados" por el pecado de nuestros padres ancestrales. Adán y Eva, al ser castigados por su acción desobediente ante Dios, por primera vez experimentaron gran sentimiento de culpa, inseguridad y vergüenza; se sintieron desnudos, "impuros" y recién cubrieron sus cuerpos e intentaron esconderse de Dios, con gran intranquilidad de espíritu. Su "pecado" les produjo una gran agitación interna y su conciencia los empezó a acusar. Su mente, sus pensamientos, su cerebro en sí, les decía que "hacer" y "no hacer"; actuaban con una mentalidad negativa, de remordimiento.

Pero Dios prometió tomar medidas para que los descendientes de su

---

(1)   *Christiaan N. Barnard (1922 - 2001) fue un médico sudafricano. Estudió y se doctoró en la Universidad de Ciudad del Cabo (1953). Entre 1955–1958 en USA en la Universidad de Minnesota, obtuvo el título de doctor en cardiología. En 1962 jefe de cirugía torácica del hospital Groote Schuur. Fue profesor de la Universidad de Ciudad del Cabo desde 1963, y mundialmente conocido por realizar el 3 de diciembre de 1967 el primer trasplante de corazón en la historia y en 1968 realizó el segundo trasplante. En 1974 realizó por primera vez en el mundo un doble trasplante de corazón. En 1983, después de trabajar en un hospital de Estados Unidos, abandonó definitivamente el ejercicio de la cirugía. A partir de 1987 se dedicó a la investigación médica.*
El 2 de septiembre del 2001 fallecía en Chipre a los setenta y ocho años de edad, víctima de un ataque de asma.

creación, Adán y Eva fueran liberados del pecado y la muerte, y utilizó a
a su hijo Jesucristo para ello. Jesús se nos presenta con una característica
peculiar sobresaliente: modelo siempre positivo tanto de pensamiento
como de acción. Él nunca permitió que la actitud negativa de los demás
influyera en su buena actitud para servir a Dios. Cuanto se le rechazó y
persiguió por adorar y propagar la fe en Dios con fidelidad, Jesucristo
aguantó pacientemente y sin quejarse; sabía que los que intentaran
agradar a su prójimo en "lo que era bueno para su edificación", deberían
esperar oposición de este mundo incrédulo y falto de comprensión. Como
en todo lo demás, durante su vida Jesucristo puso el mejor modelo de una
buena actitud. Dijo: *Yo les he puesto el modelo, que, así como yo hice
con ustedes, ustedes también deben hacerlo"*.

Para los cristianos el Bautismo, representa la oportunidad de recibir
la gracia de Cristo, borra el "pecado original" y devuelve el hombre a
Dios, pero las consecuencias para la naturaleza humana, debilitada e
inclinada al mal, persisten en el hombre de hoy y lo mantienen en un
combate espiritual constante dentro de sí a fin de lidiar entre "el bien -Sí-
" y "el mal -No-". Siguiendo el ejemplo de Jesucristo, la actitud que
tomemos marca pues la diferencia en nuestra vida desde el inicio de ella.

El ser humano desde su nacimiento aprende a desarrollar la actitud
que guiará su propia existencia; las actitudes que tendrá en su vida adulta
serán adquiridas o aprendidas; tal como se adquiere o aprende a gatear,
luego a caminar y hablar o el aprender varios idiomas o cualquier otra
habilidad o conocimiento. Aunque hay muchos factores que contribuyen
para ello, son determinantes el ambiente y las compañías; desde nuestro
nacimiento ya aprendemos o absorbemos, como por ósmosis o como
"esponjas", primero por las actitudes de nuestros padres y luego de los
familiares cercanos, escuelas y amigos íntimos. A la fecha, la ciencia nos
ha demostrado que incluso estando intraútero, ya sufrimos las
consecuencias de lo negativo por las que pase nuestra madre en su medio
ambiente, que es también el nuestro por nueve meses. Al respecto me
permito insertar el contenido de algunas páginas de mi libro "El Reposo
del Águila" (Vejez: Experiencia Acumulada), en las que expongo
principios científicos que sustentarían gran parte de lo que estoy tratando
de hacer comprensible en estas notas y en las que vienen.

CÓDIGO DE VIDA

Si las ciencias de la computación han logrado tantos logros usando
sólamente dos (1 y 0) de los diez números dígitos, para combinarse
codificadamente, podemos intuir entonces que la combinación no de dos,

sino de cinco letras G, A, T, U y C, sería infinito y superior. Todo lo que tiene vida en la tierra habla el mismo lenguaje "estructurado genéticamente", no es un idioma, ni la música, ni el amor; es el código genético establecido por Dios, nuestro Arquitecto (como suelo llamarlo en mis escritos). El Código Genético humano establece que una "letra" debe combinarse exclusivamente con otra pre establecida, siendo complementarias entre sí, es decir, forman parejas de igual manera que lo harían una llave y su cerradura; "encajadas" perfectamente en un espiral enrollado, cual los peldaños de una escalera infinita, coformando la estructura del cromosoma dentro de cada una de nuestras células. Son los denominados apareamientos de Watson y Crick. Ésta obra maestra del Arquitecto constituye el código genético, es el código de la vida, y está expresada en el DNA (una sucesión en pares de "letras" -Guanina, Adenina, Timina, Uracilo y Citocina- o bases nitrogenadas). La complementariedad de las bases es la clave genética de la estructura del ADN. Se asegura así la transferencia de las características hereditarias de padres a hijos; y tiene muy importantes implicaciones, pues permite procesos como la replicación ("duplicación y copiado") del ADN, la transcripción (paso de "información") del ADN al ARNm y la traducción del ARNm (que es el "moldeado", o establecimiento y configuración de aminoácidos elementales, los que uniéndose constituyen las proteínas, que constituyen la base de la estructura corporal).

El ácido desoxirribonucleico o ADN (DNA por sus siglas en Inglés), es la molécula que contiene la información de la vida y se encuentra contenido en los cromosomas. El ADN contiene toda la información genética, las instrucciones de diseño de todos y cada uno de nosotros y del resto de seres vivos, desde la bacteria más simple hasta el organismo más complejo. Su descubrimiento pasará a la Historia como uno de los grandes avances del siglo XX. En 1953 James Watson y Francis Crick descubrieron la estructura y el comportamiento del ADN, lo que les valió el Nóbel de Medicina en el año 1962.

Por comodidad, cada una de las bases se representa por la letra indicada. Las bases A, T, G y C se encuentran en el ADN, mientras que en el ARN en lugar de la T aparece la U (A, U, G y C). Para explicar lo llamado como Código Genético a mis alumnos se me ocurrió la palabra GATUC, como mnemotecnia, que lo represento y sintetizo como sigue. Como ejemplo, pongo la "fabricación" de Metionina (codón AUG), un básico y esencial aminoácido que no puede ser sintetizados por el propio organismo; por lo tanto, su ingesta adecuada a través de la dieta o mediante los suplementos alimenticios es de crucial importancia. La metionina iene un importante significado, en vista de que es uno de los cinco aminoácidos que forman las encefalinas, las cuales son endorfinas que se encargan de reducir el dolor, por lo que este aminoácido es usado como analgésico. Uniéndose a otros aminoácidos configura las proteínas.

Este es el Código Genético donde para formar una proteína que tenga como base el aminoácido metionina, tiene que seguir una secuencia específica:

<u>ADN</u>   <u>RNA</u>

(Ejemplo: T A C   debe corresponder con   A U G   Metionina)

Donde en:
- El ADN, se unen selectiva y complementariamente, una base purínica con una pirimidica (G≡C y A=T),
- El RNAm (específico RNA mensajero), de igual forma, y de acuerdo a lo "copiado" del DNA en la transcripción (G≡C y A=U)

Cada una de las células de nuestro cuerpo almacena una copia de esta información, la cual está dispersa por el núcleo celular, formando una red nuclear, llamada cromatina, cuando la célula se encuentra en reposo. Pero, cuando la célula va a dividirse, se ordena en pequeños paquetes en forma de bastoncillos: los cromosomas. En las células humanas hay 23 pares de cromosomas en total (donde un par proviene de la madre y su contraparte del padre). La información en ellos está muy compactada, pues contienen la de los miles de genes. Cuando la célula se divide, la información se transmite y el ADN crea una copia de sí mismo.

Enseguida se representa un cromosoma y su imagen que se va "ampliando" por etapas hasta alcanzar su estructura química (como un "obillo" de lana que se va desenrollando y ampliando hasta "ver" la estructura de una hilacha con un microscópio electrónico). El codón de inicio (5') de la traducción o codón start es una secuencia de ADN de tres nucleótidos (un codón) que indica a la maquinaria celular el lugar de la cadena en el que comienza la traducción (o "copiado") al ARNm. En el ADN se encuentra codificado en el triplete «TAC» (timina-adenina-citosina), mientras que, en el ARN mensajero, queda como «AUG» (adenina-uracilo-guanina).

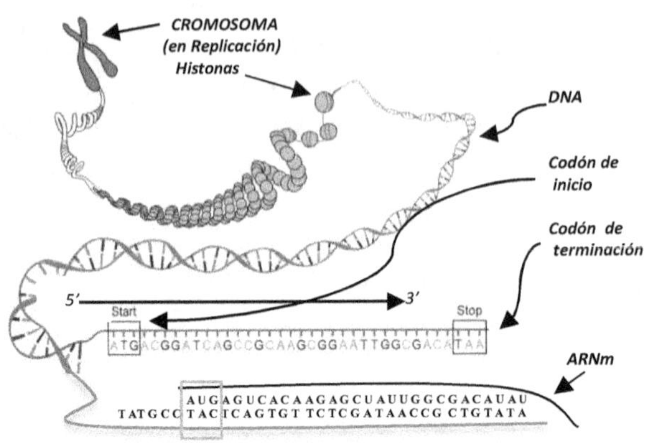

Todo esto sucede durante la división celular o mitosis, donde una "célula madre" da origen a dos "células hijas" idénticas. Con la misma información genética en ambas. El origen de la vida, así de simple.

En el ADN existen miles de genes, alineados en una doble hebra (strand), que se transmiten de célula madre a células hijas en el proceso de mitosis o duplicación celular; encargados de transcribir la información genética al mensajero (RNAm), en el proceso de producción de las proteínas que necesita la célula primero para su configuración inicial, y luego para "cumplir sus funciones" pre-establecidas en el código genético, de acuerdo al tejido y órgano al que ha sido destinada.

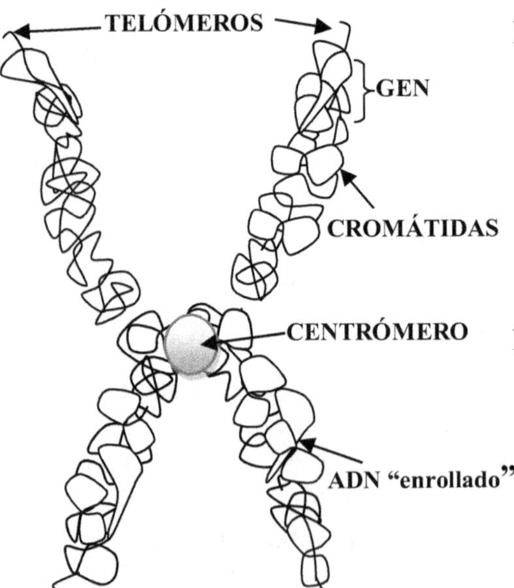

Esta es la estructura de un cromosoma; los que se encuentran en número de 23 pares en cada una de nuestras células.

En el momento de la fecundación, el nuevo ser recibe un par de cada padre (23 en el óvulo y 23 en el espermatozoide) para así completar sus propios 23 pares con la información genética de cada padre.

TELÓMEROS: reloj de la vida y determinante de nuestra salud

Cada cromosoma posee en sus extremos, a semejanza de los cortos capullones de plástico que protegen a los extremos de los cordones de los zapatos para que no se deshilachen, una serie de secuencias de ADN altamente repetitivas y no codificantes que se denominan telómeros (derivado del griego telos, "final" y meros, "parte"), -ver el esquema cromosomial anterior-.

Los telómeros son unos cortos "capullones biológicos", cuya función principal en las células eucariotas, es la estabilidad estructural de los cromosomas durante la división celular (mitosis) y determina el tiempo de vida de las estirpes celulares. Además están involucrados en enfermedades tan importantes como el cáncer. Los telómeros preservan la integridad de los genes durante el proceso por el cual se produce la replicación o duplicación del ADN en cada división celular. Pero, debido al mecanismo de replicación repetitiva del ADN de las células, los telómeros se van acortando con las sucesivas divisiones. Esto se ve atenuado por la existencia de una enzima llamada telomerasa que realiza la replicación telómerica. Sin embargo, la actividad de la telomerasa funciona a cabalidad en las células embrionarias, pero se va inactivando con el tiempo en las células somáticas, lo que conlleva que, con cada división celular, se produzca un progresivo acortamiento en la extensión de los telómeros cromosómicos; en tal grado que, cuando el tamaño de los telómeros llega a un cierto nivel mínimo, se desencadenan mecanismos que conducen a la muerte celular (apoptosis). Por esta razón, el acortamiento telómerico se ha asociado con el proceso de envejecimiento celular. De esta forma, el largo de los telómeros representaría una especie de "reloj genético" que determinaría el tiempo de vida de las células.

En las diferentes etapas de la vida, desde el momento mismo de la concepción, nuestro organismo está expuesto a diferentes noxas o daños. Con esto en mente podemos enumerar en tres fases o etapas la vida humana:

1. Concepción y desarrollo intrauterino, materno-dependiente,

2. Nacimiento, crecimiento y desarrollo (nuestro organismo expuesto al medio socio-ambiental), y

3. Senescencia ó envejecimiento, estadío que se expresa como consecuencia a lo que expusimos nuestro organismo en las etapas anteriores y que culmina con la muerte.

Por décadas, diversos investigadores abocados en hallar los causales del proceso de envejecimiento, fijaron su atención en la genética, más concretamente en los cromosomas y sus telómeros. Ahora se sabe que en el transcurso de nuestra vida, los telómeros se van acortando cual vela prendida que se va quemando y haciéndose cada vez mas corta, dejando vulnerables al daño a los cromosomas dándose así inicio el proceso de envejecimiento.

Diversos Investigadores han determinado la estructura básica de los telómeros desde 1978, cuando la Dra. Elizabeth Blackburn[2] (de la Universidad de California, San Francisco -UCSF-), fue la primera investigadora en mapear la estructura, luego en colaboración con Jack Szostak (de la Universidad de Harvard) determinaron su función. En 1984, Blackburn y su colaboradora Carol Greider (del John Hopkins), descubrieron la Telomerasa, una enzima responsable de mantener a los telómeros con un nivel suficiente para alargar el proceso de envejecimiento. Si por una acción dañina se afecta la telomerasa, el proceso de envejecimiento se presentará antes de lo programado.

En los últimos cincuenta años el estudio de los telómeros ha producido hasta cinco premios Nobel, además de 16.000 artículos científicos. Seguirán surgiendo nuevas evidencias científicas; sean estas comprobadas o no, la obra del Arquitecto seguirá ejerciendo nuevas motivaciones para proseguir investigando la maravilla de la creación: el ser humano.

Se sostiene que si se acorta el telómero, vuelve susceptible al sujeto a padecer enfermedades cardiovasculares, problemas en el sistema inmune y predisposición a la diabetes (por afección en las células beta del páncreas). En 2014, Epel and Puterman[3] (San Francisco, California, UCSF) en un estudio grande con un grupo de mujeres postmenopáusicas, midiendo sus telómeros al inicio y después de un año; encontraron que, mientras más estrés sufrieron (siendo los mas frecuentes: el desempleo en la familia, problemas financieros, divorcio y enfermedades de sus niños), sus telómeros se acortaron en forma proporcional: consistentemente se estableció que a más estrés, mayor acortamiento del telómero. Así mismo, en otro estudio, Epel encontró que las mujeres que practicaron buen comportamiento de salud (con ejercicios, alimentación adecuada, evitando el estrés y dormir bien), mantuvieron sus telómeros en el tamaño esperado, no sufrió acortamiento. Epel concluye que un daño al telómero ocurre más frecuentemente en personas que son sedentarias.

---

(2) Elizabeth Helen Blackburn (1948), Universidad de California, San Francisco (UCSF), bioquímica australiana, descubridora de la telomerasa, una enzima que protege los telómeros durante la duplicación del ADN. Por estos descubrimientos fue Premio Nobel de Medicina en 2009, junto con Jack Szostak (de la Universidad de Harvard) y Carol Greider (del John Hopkins).

En la última década, el creciente campo de la ciencia de los telómeros ha abierto nuevas y emocionantes vías para entender los sustratos celulares y moleculares del estrés y los procesos de envejecimiento relacionados con el estrés durante la vida útil. La longitud más corta de los telómeros se asocia con el avance de la edad cronológica y también con el aumento de la morbilidad y, consecuentemente, a la mayor predisposición a la mortalidad debido a las enfermedades. Los estudios emergentes sugieren que el estrés acelera la erosión de los telómeros desde muy temprano en la vida y posiblemente incluso influye en el ajuste inicial en el recién nacido, de la longitud de los telómeros. Recientemente existe la evidencia empírica que une el estrés y las enfermedades mentales en varios momentos a través de la vida útil del paciente con la erosión de sus telómeros. Se han relacionado hallazgos en la programación de desarrollo de los telómeros que une el estrés prenatal a la longitud de los telómeros en los recién nacidos y adultos. Los resultados ligan la exposición al trauma de la niñez y a ciertos desórdenes mentales con el acortamiento de los telómeros. Se han revisado los estudios que caracterizan la relación entre los comportamientos relacionados con el riesgo de salud con el acortamiento de los telómeros durante la vida útil, y cómo este proceso puede amortiguar aún más los efectos negativos del estrés en los telómeros.

Una mejor comprensión de los mecanismos que rigen y regulan la biología de los telómeros a lo largo de nuestra la vida útil puede informarnos mejor y aclarar nuestra comprensión de la etiología y las consecuencias a largo plazo del estrés y las enfermedades mentales en los procesos de envejecimiento en las diversas poblaciones y su variabilidad por su configuración genética.

Más preocupante aún es el hecho que estudios más recientes demuestran que el acortamiento del telómero no está confinado solo a los de tercera edad. Se han tomado muestras de cordón umbilical y se ha encontrado que, neonatos de madres que han padecido mucho estrés durante el embarazo, mostraban acortamiento notorio de su telómero, contrario a lo encontrado en los neonatos de madres que no padecieron estrés. Ello sugiere que el mantenimiento del buen estado de salud del telómero se debe iniciar intraútero, aún antes de nacer.

(3) *Psychoneuroendocrinology. Stress and telomere biology: a lifespan perspective. 2013 Sep;38(9):1835-42.doi: 10.1016/j.psyneuen.2013.03.010. Epub 2013 Apr 29. Shalev II, Entringer S, Wadhwa PD, Wolkowitz OM, Puterman E, Lin J, Epel ES.*

Algunos estudiosos creen que mantener una vida activa en sociedad, ejercicios físicos y otras formas de comportamiento saludables, puede incrementar la liberación de telomerasa, en favor de mantener el telómero estable, alargando la vida. Algunos tipos de cáncer se exacerban con telomerasa baja, otros dependen del incremento de la telomerasa e, incluso, favorecen su incremento. La Dra. Blackburn sostiene que no se debe pretender usar a la telomerasa, (ni sintéticas, ni aquellos suplementos herbales que las anuncian como conteniéndola), pues es como jugar con fuego. La ciencia nos está diciendo que aún no se encuentra la forma de "regular el tiempo", de controlar el telómero, nuestro "reloj" de la vida y la salud.

Pero los telómeros no son los únicos que juegan su papel en el proceso de envejecimiento. Cualquier crónica inflamación también interviene para hacernos envejecer más pronto de lo debido o deseado. El estrés máximo puede llegar a desencadenar una reacción en "cascada" del organismo: pues el tan sólo pensar o manifestar ansiedad ante el peligro (por ejemplo: verse atacado por un tigre, o precipitarse desde un cuarto piso, o simplemente perder el trabajo, o poner el freno del carro ante un posible choque), como respuesta inmediata el sistema nervioso simpático asume su papel. Se inicia una cadena de respuestas rápidas: el cerebro libera los "pain killers" (analgésicos en caso de daño y dolor) y envía una señal a la glándula adrenal y ésta secreta las hormonas epinefrina (más conocida como adrenalina, que nos da la energía necesaria para enfrentar el hecho), y cortisol; por acción conjunta, estas hormonas estimulan el sistema inmunológico y se libera una sustancia inflamatoria, las citokinas. Las citokinas preparan a los glóbulos blancos y a otros combatientes contra la infección para acudir al probable sitio de entrada para los gérmenes.

Todo este complejo aparato de respuesta rápida trabaja aún no se llegue a producir alguna lesión en nuestros tejidos (el tigre escapó sin atacarnos, los bomberos llegaron a tiempo y caímos sobre una colchoneta, conseguimos un mejor trabajo, falsa alarma de choque), de todas formas ya la cascada inflamatoria funcionó y nos dejó secuelas. Las citokinas actúan en forma muy diversa, siendo la más notoria su acción inflamatoria y esta se lleva a cabo, principalmente, a nivel del endotelio (capa de tejido epitelial que cubre la luz -pared interna-) de los vasos sanguíneos, cual pintura o mosaicos que visten las paredes, techo, pasillos y piso de nuestras habitaciones, las que al ser expuestas a materias dañinas comienzan a "descascararse". En las paredes vasculares (endotelio) se producen, por igual, daño similar y aún rupturas microscópicas (con microhemorragias consecutivas: petequias), lo que provoca la activación del proceso de coagulación para intentar "cerrar" el orificio, con precipitación de las plaquetas desencadenando la formación de placas de ateroma que, con el tiempo obstruyen, el paso normal de la sangre a los tejidos. Por esto es que la ciencia médica nos sugiere evitar el estrés y tomar nuestra diaria aspirina de 81 mg (excelente antiplaquetario), a fin de vivir más alejándonos de los infartos y las embolias cerebrales. Una breve, pero necesaria explicación a fin de afrontar la vida con dignidad.

Las condiciones descritas crean un amigable ambiente para el desarrollo y progresión de nuestras enfermedades como el cáncer, lesiones cardiovasculares, enfermedades pulmonares crónicas, deterioración cerebral; en fin se afectan, a la corta o a la larga, todos nuestros órganos y sistemas. En otras palabras se crean los medios favorables que condicionan el que lleguemos a gozar con plenitud del "Reposo del Águila" .

Por lo señalado, podemos intuir que una actitud despreocupada o diligente, descuidada o cauta, hostil o colaboradora, quejumbrosa o agradecida, temerosa o con coraje, en fin: negativa o positiva, puede influir mucho en la manera de enfrentar diferentes situaciones propias y en nuestra relación con otras personas o en la reacción ante las dificultades. Con una buena actitud se puede ser feliz incluso en circunstancias difíciles. Al que tiene una mala actitud nada le parece bien, aún cuando, desde un punto de vista objetivo, la vida le sea buena.

Sí o No, para el cerebro es siempre SÍ

Adoptar una buena actitud o actitud positiva es ser asertivos y nos permite tener claro qué lo que deseamos para nuestra vida es sólo afirmaciones, por lo que debemos descartar las negaciones. La mente humana tiene un lenguaje diferente al que usamos con palabras; el cerebro interpreta como un todo lo que expresamos en palabras o pensamientos y lo traduce o manifiesta en símbolos e imágenes ya almacenadas en nuestra memoria, establecidas como producto de nuestro previo aprendizaje y experiencias.

Cuando percibimos un olor, observamos un objeto, escuchamos un sonido, o nuestras papilas gustativas se estimulan con un sabor y nuestra piel entra en contacto con algo que toca, nuestra mente elabora una sensación que en milésimas de segundo se transforma en una imagen (ya conocida y grabada en el cerebro, como en un archivo), lo que nos permite identificar de lo que se trata lo recibido como estímulo; si no hemos tenido contacto previo con ello, es casi imposible identificarlo pues nuestra memoria no tiene una "imagen" que presentarnos. De la misma manera cuando uno expresa una oración o sólo una palabra, la mente siempre necesitará una imagen para asociarla a los pensamientos o expresiones; sea lo que sea lo que uno exprese con palabras, aunque sea absurdo y sin sentido, nuestro cerebro forma inmediatamente una imagen. Si uno dice "quiero tener un OVNI" o "no quiero tener un OVNI", el cerebro solo se focaliza en "OVNI", así sea la expresión una oración completa o sólo una palabra y sea una afirmación o una negación; "el querer" o el "no querer" pierde sentido si no se expresa la frase completa. Ahora que el foco o núcleo de la oración tenga sentido o se haga realidad, depende de quien y por qué lo exprese. Al fin y al cabo es el sujeto quien tiene que realizar la acción, si es que existe la posibilidad de hacerlo. El solo hecho de que Ud., amigo lector, haya leído OVNI, su cerebro ya le transmitió la imagen (por supuesto, si ya sabe que tal palabra es el acróstico de Objeto Volador No Identificado).

Muchos estudiosos de la Neurolingüística aseguran que el cerebro humano no reconoce la palabra no. Según esto, al evaluar una frase la mente no procesa cada palabra por separado, sino que dibuja una o varias imágenes a partir de ella. Para el cerebro no existe una imagen de la palabra "no", la mente trabaja en función de lo visual y sin importar lo que vea, lea o escuche buscará transformar esa información en imágenes. Al no tener una del "no", solo procesará el resto de las palabras en la frase. Por ello, cuando se niega en una expresión usando "no", tu cerebro entenderá todo lo contrario. Por ejemplo, si expresamos "no pensaré más en eso", uno termina pensando en lo que se quería negar. En lugar de decir "no voy a llegar tarde al trabajo", mejor diremos: "llegaré a tiempo al trabajo".

La Neurolingüística es el estudio de cómo el lenguaje está representado en el cerebro: es decir, cómo y dónde nuestro cerebro almacena nuestro conocimiento del lenguaje (o idiomas) que hablamos, entendemos, leemos y escribimos, lo que sucede en nuestro cerebro a medida que adquirimos ese conocimiento, y lo que sucede como lo usamos en nuestra vida cotidiana. Los neurolingüistas intentan explicarnos como nuestros cerebros almacenan información en redes de células cerebrales (neuronas y células gliales). Estas redes neuronales se conectan en última instancia con las partes del cerebro que controlan nuestros movimientos (incluyendo los necesarios para producir el habla) y nuestras sensaciones internas y externas (sonidos, miradas, tactos, gustos, olores, balance, orientación, equilibrio y todos aquellos que vienen de nuestros propios movimientos).

Las conexiones dentro de estas redes pueden ser fuertes o débiles, y la información que una célula envía puede aumentar la actividad de algunos de sus vecinos e inhibir la actividad de otros. Cada vez que se utiliza una conexión, ésta se hace más fuerte. La ciencia (la Neuroanatomia) ha "mapeado" el cerebro con áreas específicas para cada función que se expresa en lo que nuestro cuerpo realiza, siguiendo las "órdenes" ya procesadas por el cerebro. Así se ubican áreas: como la visual, la auditiva, del gusto, motora, sensorial, de la orientación, del habla, la congnoscitiva, etc. Los espacios cercanos o vecindarios o áreas lejanas cerebrales, se encuentran densamente conectados entre sí por especializadas neuronas que llevan a cabo cálculos que se integran con información proveniente de todas las áreas cerebrales (junto con el cerebelo, hipófisis y otras glándulas y la médula espinal), a menudo involucrando bucles de retroalimentación. En el ser humano, muchos "cómputos" se llevan a cabo simultáneamente antes de procesarse una "orden" cerebral definitiva, en milésimas de segundo. El cerebro es un procesador de información masivo en paralelo.

Ante un peligro o la simple sensación de sentirse atacado, el cerebro nos ofrece una salida lógica o posibilidad de "escape" permitiendo la liberación de toda una serie de neurotransmisores que hacen trabajar a todo el organismo a fin de salir de la encrucijada.

Me explico, sí nos ataca un perro rabioso y pensamos "no puedo escapar, me va a morder" (un pensamiento negativo) y atinamos solo a cerrar los ojos (como el avestruz que esconde la cabeza en la arena cuando ve que se le aproxima el león), así seremos presa fácil; pero si pensamos "tengo que escapar o enfrentarme", la adrenalina liberada junto con los "pain killers" nos llenará de energía suficiente para correr y trepar un muro muy alto o al árbol mas cercano y si no lo hay, nos enfrentamos para defendernos (los "pain killers" nos liberaran del dolor inicial en caso de ser mordidos); ambas posibilidades las ejecutamos gracias a nuestro cerebro como una respuesta a una actitud positiva, que en condiciones normales (sin el estímulo del perro al ataque), no lo hubiésemos podido hacer, el muro ante nuestros ojos sería imposible de traspasarlo y ante el árbol, al solo intentarlo nos intimidaría ("pensaría, no lo puedo hacer", no lo hago).

Por lo señalado, podemos afirmar que nuestra mente solo puede interpretar la parte nuclear que expresa el pensamiento y lo traduce en una imagen, pero no su negación. Cada vez que pronunciamos negaciones, "no quiero enfermarme", para la mente es "quiero enfermarme"; con frecuencia escuchamos "por qué a mí me pasa esto?", justamente se está pidiendo que se produzca el hecho negado, deberíamos decir quizás "que se haga la voluntad de Dios". Por lo tanto, podemos afirmar que como nuestro cerebro solo piensa en imágenes, cuando utilizamos una expresión en la que se encuentra la palabra "no", lo único que conseguimos es dibujar en la mente aquello que pretendemos negar. Al traducir el cerebro toda la información que recibe solo en imágenes, sólo se enfoca en la parte positiva de la expresión. La expresión negativa no tiene una representación en imágenes para el cerebro. Por eso, cuando se dice "no quiero tal cosa", lo que el cerebro ve es "la tal cosa".

Aprender a usar el leguaje de nuestra mente es vital, porque es allí donde residen algunos de los poderes (dones que no los usamos adecuadamente), que pueden cambiar nuestra vida y convivencia con los demás. Con los niños se aprecia fácilmente este punto, porque tendemos a utilizar con ellos a menudo la palabra NO; no grites, no corras, no toques el enchufe, no des portazos. etc. Cuando le dices a un niño "no debes gritar", su mente solo entiende el "debes gritar". Eso te explica porque la mayoría de los niños tienden a hacer o repetir lo que les dijimos que no hicieran. Es que en realidad, su mente solo capta la parte afirmativa de la orden. En lugar de decir "no corras dentro de la casa", puedes decirle al niño en forma correcta: "quiero que camines despacio cuando estás dentro de la casa", el cerebro del niño formará rápidamente la imagen de caminar lento. Por eso es que a los niños se les debe de explicar las cosas, más aún tomarles en cuenta en sus inquietudes y contestarles cuando nos preguntan el "por qué? de las cosas". Debemos evitar el darle órdenes negativas, más bien se debe fundamentar un pedido u orden que les hagamos pero en forma afirmativa. Por ejemplo, reemplazar "no pintes la pared" por "pinta en este papel que luego lo pondremos en la pared"; no le limitamos su deseo de apreciar algo creado por él en la pared, además de enseñarle a hacer lo correcto.

La Ley de Atracción

Dado a la relevancia, sobre el tema del "SÍ" o el "NO", se han escrito muchos libros que han llegado a ser de gran valor comercial, en especial dentro de las disciplinas del desarrollo personal, o motivación. Incluso se han fijado conceptos tergiversados o inverosímiles que se agrupan dentro de la creencia pseudocientífica; como la famosa "ley de la atracción" la que sostiene que los pensamientos (conscientes e inconscientes) influyen sobre la vida de las personas. La famosa motivadora social Lisa Nichols nos refiere: *"Cuando te enfocas en las cosas que no quieres, "no quiero llegar tarde, no quiero llegar tarde", la ley de atracción no oye el "no quiero"* (solo el "llegar tarde"). *Manifiesta lo que estás pensando y lo hará una y otra vez. La ley de la atracción no sabe de "quieros y no quieros". Cuando te enfocas en algo, sea lo que sea, estás provocando que se manifieste".*

Algunos autores identifican antecedentes históricos de la "ley de atracción" en el hinduismo y a través del hinduismo en la teosofía, también se han encontrado referencias en el judaísmo y en el cristianismo. Tal ley enuncia que, por intermedio del pensamiento, es posible atraer lo deseado; dice que al cerebro no le importa si uno percibe algo como bueno o como malo, si lo quiere o si no lo quiere, sólo responde a nuestros pensamientos. De modo que si se piensa "me siento fatal por todas las deudas que tengo", uno mismo lo está afirmando al aceptar que estamos endeudados, obteniendo más de lo mismo; quizás deberíamos afirmar "debo esforzarme para ganar". Uno debe autodisciplinarse enfocando sus pensamientos hacia lo que nos interese, rehusando pensar sobre lo que no convenga. Pero ante todo priorizar en una renovación que nos lleve a cambiar como persona.

Una vez comprobado como procesa nuestra mente un mensaje negativo, pensemos un momento en todas las cosas que nos decimos a uno mismo, que decimos a nuestros hijos, a nuestros amigos, a la vida misma, de forma negativa. Si tienes miedo a caer enfermo, a perder el trabajo, a morir pronto ante un mal, a no encontrar alivio ante un pesar, en realidad, estás generando imágenes en tu memoria de aquello a lo que tienes miedo. Le estás diciendo a tu cerebro que tu objetivo es caer enfermo, perder el trabajo, a morir por el mal que te aqueja; a padecer lo que no quieres. Se trata pues, de tomar consciencia, y de entrenarse en pensar en una formulación en positivo de nuestros objetivos, de modo que nos mantengamos sanos, mantener un trabajo el tiempo que nos propongamos y de poder superar lo que venga con dignidad, dándonos la oportunidad de gozar de más tiempo de la vida que nos toca o nos falta. Pensando en negativo, el lapso de tiempo que nos queda por vivir será más corto, definitivamente.

Pero, no basta solo con pedir. No nos sirve de mucho demandar con humildad esas metas o deseos en nuestra vida si no ponemos de nuestra parte. Siempre será adecuado y necesario mantener una actitud positiva, desde luego, pero ese positivismo debe ser razonable y lógico. Las soluciones a nuestros problemas, a nuestra vida no se suceden solo con pensar, desear y esperar.

Lo mismo se diría de tantos slogans que se utilizan a diario para "llamar la atención" de la sociedad y reivindicar ciertos hechos o derechos en los que la palabra NO aparece en ellos. De alguna manera estamos "llamando" a lo que intentamos evitar: "no a la guerra", en vez de "SÍ a la Paz"; "no a la discriminación de la mujer", en lugar de "SÍ a la Igualdad de la mujer", etc. Me atrevería a sostener que lo que se llama "cortinas de humo" en nuestras sociedadades, es un empleo de este principio.

Optimismo y Pesimismo

El optimismo es una actitud orientada al futuro, una confianza en que las cosas van a salir bien. Los optimistas creen que las cosas buenas les sucederán y que con el suficiente trabajo duro seguro que sucederá. Los pesimistas, en contraste, ven el futuro como imposible; ellos creen que las cosas malas de todas maneras les pasará y predomina la duda de que tengan habilidades y la resistencia suficiente para lograr sus objetivos. Contrariamente a la creencia popular, el optimismo no se trata de ignorar ciegamente el problema de la vida o ver el mundo a través de gafas de color rosa.

En su libro, *"The Resilience Factor"*, Karen Reivich y Andrew Shatte se refieren al tema de optimismo realista; en él señalan: *"como lo hacen los pesimistas, los optimistas realistas prestan mucha atención a la información negativa que es relevante para los problemas que enfrentan. Sin embargo, los optimistas, a diferencia del pesimista, no permanecen enfocados en lo negativo. Tienden a desembragarse rápidamente de los problemas que parecen ser irresolubles: saben cuándo cortar sus pérdidas (lo negativo) y dar vuelta a su atención a los problemas solucionables (lo positivo)".*

Sandra Schneider, psicóloga de la Universidad del sur de Florida, sugiere que ese optimismo realista es cualitativamente diferente de la variedad ciega del pesimista. Las perspectivas realistas mejoran las posibilidades de negociar con éxito, buscan y se rodean del medio ambiente adecuado (positivo) que los rodée, un optimista pone prioridad en sentirse bien.

Las herramientas empleadas para alcanzar un optimismo realista pueden incrementar la resistencia y mejorar el éxito en la vida. Barbara Fredrickson, una psicóloga de la Universidad de Carolina del norte, ha desarrollado lo que llama el "modelo de ampliación y generación de emociones positivas". Se ha demostrado, nos explica Fredrickson, que las emociones positivas disminuyen la excitación fisiológica y amplian nuestro enfoque visual, nuestros pensamientos y nuestro comportamiento ante las dificultades; aumentan la capacidad de las personas para resolver problemas, su interés por socializar, así como el rechazo a actividades de ocio y las vuelven mas vigoroso, mas entusiasta.

Cuando los optimistas amplían su atención, aumentan su capacidad de reevaluar positivamente situaciones que inicialmente parecen ser negativas.

Resiliencia[4]

La mayoría de nosotros en algún momento de nuestras vidas será golpeado por traumas importantes como la muerte repentina de un ser querido, una enfermedad debilitante, asalto o un desastre natural. La resiliencia se refiere a la capacidad de "recuperarse" después de encontrarse con alguna dificultad, cualquiera ésta sea.

El libro *"Resilience: The Science of Mastering Life's Greatest Challenges",* nos proporciona una guía para construir la resiliencia emocional, mental y física presentandonos diez factores para ayudar a cualquier persona a ser más resiliente a los desafíos de la vida. Factores de resiliencia específicos, como enfrentar el miedo, el optimismo y el apoyo social, se describen a través de las experiencias y reflexiones personales de sobrevivientes altamente resilientes. Estos sobrevivientes también describen métodos de la vida real para practicar y beneficiarse de los factores de resiliencia. La resiliencia es el producto complejo de factores genéticos, psicológicos, biológicos, sociales y espirituales, los autores investigan la resiliencia desde múltiples perspectivas científicas. Sintetizan la literatura más reciente sobre el tema, describen sus propias investigaciones sobre la resiliencia, y citan sus entrevistas.

El optimismo tiene implicaciones generalizadas para la salud física y mental. Numerosos estudios científicos demuestran que los
optimistas tienden a estar más satisfechos con sus vidas, sentirse psicológicamente mas sanos y muestran un mayor bienestar físico, que las personas que no son optimistas. El optimismo se ha asociado con mejor salud física en diversas poblaciones, tales como mujeres con cáncer de mama y pacientes cardíacos recuperándose de cirugía a corazón abierto. Mayor optimismo también se asoció con menos dolor y menos síntomas postoperatorios en pacientes sometidos a cirugía de puente coronario.

Varias investigaciones clásicas sobre la conducta humana han informado de que los optimistas pueden vivir más que los pesimistas. En un estudio notable con autobiografías escritas a mano por 180 monjas de las Hermanas de Notre Dame en Milwaukee, los investigadores Deborah Danner y sus colegas de la Universidad de Kentucky examinan la relación entre signos de buen ánimo y optimismo y posterior longitud de vida. De todo lo expresado en las autobiografías, sólo las que expresaron

---

(4) *Con extractos de "Resiliencie: The Science of Mastering Life's Greatest Challenges", 2nd Edition, 2018. By Steven M. Southwick and Dennis S. Charney, published by Cambridge University Press.*

optimismo alcanzaron más décadas de vida después que se hizo las entradas.

Es posible que el optimismo proteja contra algunos de los efectos negativos del estrés. En un estudio de civiles israelíes que fueron expuestos a los ataques con misiles durante la guerra del Golfo de 1991, en los optimistas se manifestó menos estrés relacionados con enfermedades, como depresión, PTSD (trastorno por estrés post traumático, por sus siglas en inglés) y utiliza menos los servicios médicos que los pesimistas. En un estudio a largo plazo de 2015, llevado a cabo con ex prisioneros de la guerra de Vietnam se pudo encontrar que el optimismo fue el predictor más fuerte de la buena salud psicológica.

Incluso es posible que los optimistas puedan aumentar su inmunidad a las enfermedades infecciosas. En un fascinante estudio realizado por Sheldon Cohen, profesor de psicología en la Universidad Carnegie Mellon, de Pittsburgh en Pennsylvania, sujetos de estudio fueron requeridos, durante una semana, a vivir en un hotel donde comían sólo lo que se les sirviera por el personal de investigación; no se les permitía salir; y no tuvieron contacto físico cercano con otros participantes en la investigación. En el primer día del experimento, todos los participantes fueron infectados con un virus del resfrío común. Del total de los participantes evaluados los que demostraron más emociones positivas fueron los que menos desarrollaron resfriados, con menos molestias como moqueo nasal, menos estornudos, congestión, tos y moco traqueal o complicaciones orofaringeas.

ANTE EL UMBRAL DE LA LUZ

Hemos llegado a hasta este punto, tras intentar resumir datos e información tanto de origen científico como no científico con la única finalidad de dejar al lector, a su propio juicio, tomar la decisión de interpretar sobre lo ya escrito y lo que voy a narrar, a su libre albedrío. Desde el inicio sostuve que el tratar temas relacionados al nexo entre la vida y la muerte y lo concerniente a hechos "sobrenatutales" y no siendo explicados (tampoco negados del todo) por la ciencia, es de suma complejidad y expuesto a serias contradicciones. Pero, una situación es narrarlos simplemente y otra es el haberlos vivido en carne propia. Además, la profesión de Médico me ha permitido no solo vivir experiencias de tal índole, sino el compartirlas con otros profesionales en tertulias, a partir de donde se ha podido obtener información congruente con mis propias experiencias y que recién ahora me he animado a transmitirlo mediante mis escritos, con cierta credibilidad.

Como me considero proclive a la docencia, quisiera incluir (como ya lo hice anteriormente), algunas páginas de mi libro "El Reposo del Águila" que me parece necesario a fin de complementar lo escrito y por aún escribir.

Nuestro organismo y nuestra actitud hacia él

Conforme uno avanza en la edad, todos los órganos vitales de nuestro cuerpo empiezan a perder alguna función, también envejecen. En el proceso de envejecimiento se van produciendo cambios en todas las células: ya no se reproducen con la misma intensidad, ya no trabajan con la misma eficacia, o han sufrido injurias (daños) por gérmenes, toxinas, medicamentos o sustancias a las que las hemos expuesto. Así como han padecido traumas por factores externos que han invadido nuestro organismo, también nuestras células sufren fallas en la irrigación sanguínea, provocada por la estrechez de los vasos sanguíneos, debido a su vez por el colesterol que comemos. Todo esto se empeora por el estrés propio de nuestro estilo de vida y peor aún si no dedicamos un poco de tiempo a realizar actividades físicas y sociales.

A fin de hacer mas comprensible lo indicado, en el diagrama de la siguiente página se presentan los cuatro sucesos (**1**, **2**, **3** y **4**) que acontecen a nuestras células, por lo que "envejecen", se alteran y mueren.

El envejecimiento se expresa en todos los órganos de forma diferente, según sus funciones y con distinta aceleración. Cuando nos expresamos de "nuestra vejez" -en la gráfica (**2**) y (**3**)-, nos referimos al hecho que sucede biológicamente mediante lo cual, al afectarse una célula sana de inicio, se desencadena (por acción principal de la **p53**), una serie de acontecimientos bioquímicos que llega a comprometer a un tejido y a partir de éste a un órgano, y por consiguiente a todo un sistema; pues cada célula es una unidad funcional de todo un sistema, cualquier alteración en su función, afectará la fisiología del órgano, del sistema del que forma parte y, por ende, del cuerpo humano en conjunto.

Los diversos mecanismos que dan lugar a las manifestaciones de envejecimiento se resumen en la disminución paulatina tanto de la población celular (por apoptosis o muerte celular), como de la actividad metabólica de cada célula. En los organismos superiores se añade aquí un proceso regulador (**p53**), restaurador y de renovación celular; como lo señalamos en la gráfica (**1**), encaminado a garantizar la supervivencia celular, aminorando las consecuencias del déficit que ha acontecido. Este proceso permite a la célula volver a su ciclo normal de división o mitosis (renovación) , y así continuar con su función dentro del organismo.

Sin embargo, el daño produce serias alteraciones en las células que determina un "acortamiento" de su telómero y por lo tanto en su vida, "envejecen" mas pronto llegando a producir alteraciones homeostáticas (que es el equilibrio que existe en el organismo) y conducen a la pérdida de bienestar, a la enfermedad.

<u>CÉLULA SANA</u>

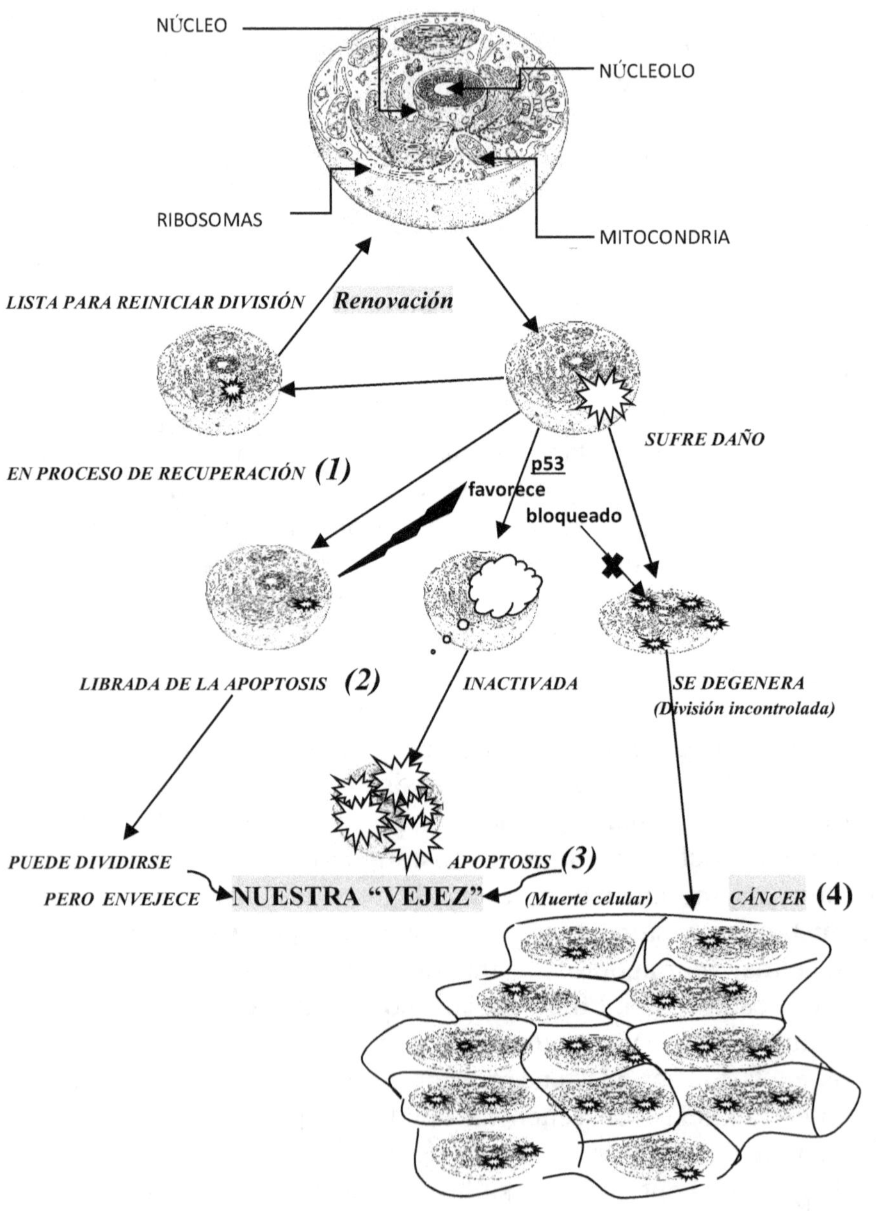

Por otro lado, cuando el daño a afectado tanto la respuesta celular que modifica su respuesta, exacerbando su fisiología, y se manifiesta en forma anormal presentándose una degeneración celular atípica (por bloqueo o inactivación del p53, por alguna mutación producida en su estructura), que lleva a una incontrolable proliferación celular (por una mitosis sin control); que es el origen del cáncer **(4)**.

El genotipo p53 es un gen supresor tumoral que desempeña un papel importante en apoptosis y control del ciclo celular. Un p53 defectuoso podría permitir que las células anormales proliferen dando por resultado cáncer (alrededor de un 50 % de todos los tumores humanos contienen mutaciones en p53). El p53 mantiene la integridad celular al impedir que se produzcan mutaciones que se hayan originado por mecanismos propios de la célula o por causales externos. Resulta esencial para inducir la respuesta de la célula ante el daño del ADN, deteniendo el ciclo celular en caso de mutación.

El Dr. David Lane[5], fue el descubridor del oncogén p53 en 1979. El p53 es un gen (uno de los llamados marcadores tumorales), se le conoce como el guardián del genoma porque de su actuación depende que se desarrollen, o no, algunos de los cánceres más frecuentes. Para que haya un cáncer p53 tiene que estar inactivado, y lo está en el 55% de los cánceres más comunes: mama, colon, pulmón, vejiga, linfoma. P53 es un gen que se activa sólo en situación de estrés, cuando hay daño en una célula o ésta este sometida a cualquier acción que haya alterado su función o estructura. Entonces, el p53 bloquea o mata la célula alterada, impide su proliferación o división celular (en gráfica). En definitiva, imposibilita la propagación de la célula dañada por apoptosis (suicidio celular) o porque la mantiene bloqueada sin dejarla reproducirse. Además de que p53 está relacionado con el cáncer, ahora se ha demostrado que también lo está con el proceso del envejecimiento, protegiéndonos de tal designio. Por ahora podemos afirmar que en resumen: el oncogen p53 protege del cáncer, pero, a la vez, también hace que el envejecimiento se retrase.

Crucial a la hora de prevenir el cáncer, pues el p53 es un gen anticanceroso que en circunstancias normales nos defiende de la enfermedad, forma parte de los supresores tumorales que inhiben o detienen la división celular (el cáncer se produce por una acumulación de daños genéticos en el DNA, en el locus o gen, lo que determina que las

---

(5)   *Dr. David P. Lane Imperial Cancer Research Fund, Clare Hall Laboratories, South Mimms, Potters Bar, Herts EN6 3LD UK; The Ontario Cancer Institute, University of Toronto, Toronto, Ontario, Canada.*

células se multipliquen sin control). Diferentes grupos de investigadores sobre p53 coinciden con diversos estudios sobre la telomerasa (que ya hemos explicado), sosteniendo que la resistencia al cáncer (p53) y al envejecimiento (telomerasa) tienen que estar sincronizadas en su delicado accionar.

Al respecto, estudios similares en ratones coordinados por los Drs. Manuel Serrano y María Blasco[6] , han abierto la posibilidad de aplicarse los mismos conceptos al ser humano, ellos dicen: *"Lo que hemos hecho es utilizar los superratones de Manuel, porque el p53 protege del cáncer y alarga en un 18% la vida de los ratones, y si a eso le añadimos el gen de la inmortalidad, la telomerasa, conseguimos que estos ratones multitransgénicos vivan una media de un 50% más, sin cáncer, lo que son palabras mayores. Eso es lo que hemos descubierto por ahora... Nosotros usamos p53, que es la estrella del cáncer, pero la estrella de la longevidad es la telomerasa, y ahora, combinando ambos genes, hemos visto que los ratones viven mucho más tiempo".*

La Dra. Maria Blasco es pionera en investigación bioquímica, habiendo establecido el papel fundamental que cumplen los telómeros y la telomerasa en el cáncer y el envejecimiento. Esta investigación ha proporcionado la prueba del concepto que el acortamiento de los telómeros con la edad, es debido a una marcada deficiencia de la enzima telomerasa en los organismos adultos y es una de las principales vías moleculares que lleva al envejecimiento y relaciona la edad con sus patologías, estableciéndose que la longitud del telómero y la acción de la telomerasa determina que tal actividad se considere como uno de los marcadores moleculares del envejecimiento.

El Dr. Manuel Serrano (nacido en Madrid, 1964), es conocido internacionalmente porque en el 2013 consiguió por primera vez reprogramar células diferenciadas y redirigirlas al estado anterior pluripotencial. Un gran avance en medicina regenerativa. El renombrado científico se une al Instituto de investigación biomédica (IRB Barcelona)

---

(6) Spanish National Cancer Research Centre (CNIO)
Centro Nacional de Investigaciones Oncológicas (CNIO)

➢ *Nacida en Alicante en 1965, la Dra. María Antonia Blasco Marhuenda completó su tesis doctoral sobre virales polimerasas de la DNA en el Centro de Biología Molecular "Severo Ochoa" (CSIC-UAM; Madrid), en 1993, obtuvo su doctorado en Bioquímica y Biología Molecular por la Universidad Autónoma de Madrid*

➢ *Dr. Manuel Serrano, autoridad mundial en la reparación de tejidos y cáncer, ha dejado el Centro Nacional de Investigaciones Oncológicas (CNIO), en Madrid, donde dirigía desde el 2003 su Grupo de Supresión Tumoral, para fichar por el Institut de Recerca Biomèdica de Barcelona (IRB Barcelona).*

en el 2018, después de 13 años en CNIO, financiado por la Fundación bancaria "la Caixa" y por el programa ICREA de la Generalitat de Catalunya. Manuel Serrano y un equipo de catorce científicos estudiará cómo se repara el tejido dañado y buscarán terapias basadas en la medicina regenerativa para el tratamiento de la diabetes y otras enfermedades.

Con todo esto en mente, me atrevo a describir dos casos, dos actitudes opuestas tomadas por el paciente como respuesta ante la adversidad de la enfermedad.

Caso Clínico: Actitud Negativa

Si nos basamos en lo escrito hasta ahora, una actitud negativa conlleva a una respuesta negativa. Tanto en lo no científico o seudociencia que hemos descrito como "actitud positiva", "el pensamiento mágico", "el sí y el no", y "la ley de la atracción"; así como, porqué desestimarlo, en lo que trata de explicarnos la ciencia mediante la genética con los últimos estudios sobre la telomerasa y los telómeros, la psiconeuroendocrinilogía, o la neurolingüística. La razón nos puede conducir a aceptar que con una actitud positiva para enfrentar los retos que se nos presente en la vida, podemos alcanzar lo que nos proponemos o superar en las mejores condiciones posibles las dificultades que alteran nuestra existencia.

El referirme en los párrafos anteriores a datos tanto científicos como no científicos, es porque he tratado de encontrar coincidencias con lo que quisiera narrar a continuación; son hechos de vida que como reales que son y el haberlos experimentado en mi condición de Médico, me permito exponerlos sin ninguna intención de que se acepten como tal sino que conduzcan a raciocinio, y quizás a muchos les sirva a fin de alcanzar algún tipo de apoyo emocional o a otros les alcance para entender algún acontecimiento similar que pudo haberles sucedido, pero que no habían encontrado explicación, hasta ahora, como yo.

Siguiendo la tónica de referirme como "caso clínico" en capítulos anteriores, sólo narraré algunos hechos que aún siendo reales representan a otros que la profesión nos ha permitido compartir a mi esposa y a mí, e incluso con terceros colegas. Y los presento como "casos clínicos", pues eso son; y se describen como ejemplos del tipo de actitud (una actitud negativa y una actitud positiva), que se debería tomar ante cualquier adversidad que se nos presente.

Un familiar cercano nos consultaba en repetidas oportunidades, y en el transcurso de años, por diversas manifestaciones dérmicas como prurito y/o una marcada sensación de frio en las extremidades inferiores con los cambios de temperatura ambiental, no dependiendo siempre del clima (como por ejemplo, pasar del calor externo a un ambiente con aire acondicionado interior, o viceversa). Habiéndose descartado entidades clínicas como diabetes o cualquier otra que comprometa el conjunto neurovascular (con varias interconsultas especializadas de por medio inclusive), asumimos que podría tratarse de marcadas reacciones vasculares periféricas de probable origen neurovegetativo idiopático o inmunológico (la paciente padecia de rinitis alérgica y con antecedentes familiares de algún tipo de alergia). Lo que sí notamos fue una clara relación con el estrés, pues la paciente se estresaba con mucha facilidad y las manifestaciones se acentuaban en tales circunstancias de estrés. Tal es así que al sufrir un accidente automovilístico, que la mantuvo hospitalizada con lesiones en la cara y algunas costillas rotas, concluímos que fue la causa de lo que desencadenó todo lo que se le presentó, coincidentemente, posterior al accidente. Desde entonces la paciente inició un cuadro ansioso-depresivo que la obligó a recurrir a tratamiento medicamentoso con el especialista psiquiátrico.

La sintomatología dérmica se acentuó, y a los pocos meses del incidente automovilístico comenzó a aparecerle signos de vasculitis periférica en ambas piernas lo que puso en evidencia más profunda su síndrome ansioso-depresivo; la paciente manifestaba sentirse peor de "los nervios" y que "hubiese preferido morir en el accidente" para no pasar por ello. Una actitud completamente negativa que no ayudaba a su total recuperación; pasaban los meses y en unos tres años el aspecto psiquiátrico, con gran apoyo familiar, fue notablemente mejorando hasta ya no necesitar ninguna medicación para ello. Sin embargo, si bien es cierto lo de la piel no pasó a cosas mayores, no desaparecía. Ya no toleraba el frio invierno de Lima; en tales circunstancias se le acentuaba el plurito o "picazón" que a veces era general y sin especificar zonas determinadas ni mostrar signos dérmicos.

Con las debidas interconsultas especializadas se llega por fin a la conclusión que se trataba de una Vasculitis Leucocitoclástica (LCV, siglas en inglés) o Vasculitis Hipersensitiva, la que siendo una enfermedad crónica de origen colágeno-vascular o idiopático (de origen desconocido en más del 50% de casos, según referencias médicas), con etapas de reagudización, no es necesariamente mortal; salvo si se presentan complicaciones serias como daño renal (que fue lo que presentó nuestra paciente).

Si bien es cierto, la sintomatología de por sí ya era alarmante y preocupante por su impreciso origen, como lo mencionaba desde un inicio, la actitud negativa de la paciente para enfrentar la rara enfermedad era lo más sobresaliente en todo el proceso. El temor a la muerte era lo que primaba en su pesar, era comprensible por lo poco que se podía hacer médicamente. La situación emocional se fue empeorando, a tal punto que tras un serio problema familiar, se reinició bruscamente una severa crisis depresiva casi conjuntamente con una reagudización de su enfermedad vascular; se presentó edema progresivo en miembros inferiores en conjunto con aparición de lesiones purpúricas y a los pocos días signos de necrosis distal. La evolución letal fue violenta, con síndrome de insuficiencia renal aguda que terminó con el sufrimiento de la paciente. Dios permitió que se fuera en santa paz, al final ya resignada.

Podría describir más casos clínicos aquí con características de expresión típica de negatividad similares, pero como ejemplo me parece suficiente. Lo importante es resaltar, en esta parte, la actitud negativa en todos. Mientras más se lamentaban por su situación clínica, la evolución era más desfavorable y de duración menos prolongada, comparado con otros pacientes que pudimos asistir y a los que habiéndose incluso pronosticado pésima evolución, esto no sucedió. La diferencia estaba en la actitud adoptada por cada paciente. Uno como médico termina por aceptar esta realidad y trata no sólo de transmitirla a sus pacientes (como ahora a mis lectores), sino de tomarlo como ejemplo para imitarlo en nuestra propia vida.

Caso Clínico: Actitud Positiva

Tal como en el caso anterior, el ponerme a describir casos con actitud positiva se haría reiterativo, pues tenemos muchos. Describiré dos que nos impactaron al vivirlos en carne propia por ser familiares y nos tocó compartir muy ligados a ellos. La actitud positiva de la familia y amistades en ambos casos fue admirable, acompañando en todo momento al paciente durante su largo padecimiento, lo que sirvió de mucho apoyo para que los pacientes conlleven su enfermedad con una actitud muy positiva. El mejor ejemplo de ello es una paciente que a los pocos años de quedar viuda se le diagnostica de Mieloma Múltiple, un tipo de cáncer que se forma en un tipo de glóbulo blanco denominado célula plasmática. Las células plasmáticas ayudan a combatir las infecciones mediante la fabricación de anticuerpos que reconocen y atacan los microrganismos. El mieloma múltiple hace que las células plasmáticas cancerosas se acumulen en la médula ósea, donde desplazan a las células sanguíneas sanas. En lugar de producir anticuerpos útiles, tales células producen proteínas anormales que pueden provocar complicaciones serias, al atacar, incluso a células normales (son las llamadas enfermedades autoinmunes).

En nuestro caso, las grandes cantidades de tales proteínas provocaron que la sangre se ponga "espesa", lo que se conoce como hiperviscosidad. Esto puede retardar el flujo sanguíneo al cerebro y causar: confusión, mareos, cefaleas muy intensas y síntomas de accidente cerebrovascular, como debilidad en un lado del cuerpo y habla mal articulada. Todo esto acompañaba a nuestro paciente, desde el inicio de la enfermedad; luego aparecieron dolor en los huesos, especialmente en la columna vertebral, náuseas, desorientación o confusión mental, insomnio, fatiga y debilidad o entumecimiento en las piernas, sed excesiva e infecciones frecuentes. Con el mieloma impactado en los huesos de la columna vertebral, éstos pueden colapsar y presionar los nervios espinales. Esto provocó compresión de la médula espinal y nuestro paciente manifiesta entonces: dolor de espalda intenso en repentinas crisis, entumecimiento en las piernas con debilidad muscular que llega a impedir el caminar y postra en la cama a la paciente.

A pesar de todas sus molestias, nuestra ejemplar paciente en ningún momento perdió el ánimo y ni bien superaba las "crisis", contagiaba de entusiasmo a la familia y a los que la visitabamos. De no estar informados de su enfermedad, para cualquier persona que no la frecuentaba, aparentemente no se encontraba en un estado de avanzada enfermedad. Solía manifestar: *"A mí la enfermedad no me va a postrar en una silla de ruedas ni mucho menos tumbar en una cama…la vida hay que vivirla y gozar de cada día como si fuera el último… sólo Dios sabe hasta cuando dure y a Él me encomiendo".* Fue un vivo ejemplo de una actitud positiva en nuestra paciente que le permitió no sólo el continuar *"gozando de la vida",* según su propia expresión, sino el contagiarnos de su entusiasmo.

Tercer fin de semana de Febrero 2019, justo habiendo terminado con el proceso de revisión del presente libro, antes de enviarlo para la impresión, me correspondió poner en pasado lo expresado en los párrafos de mi narración sobre ella. Nos comunicaron telefónicamente desde Lima que falleció en paz y serenidad absoluta, según referencia de familiares; con la felicidad expresada vívamente tras la visita del Padre Francisco, un gran amigo y guía espiritual. Habían transcurrido seis años desde el inicio de su padecimiento.

Vale acotar que, unas dos semanas atrás habíamos compartido, aquí en Miami, con el Padre Francisco durante su visita pastoral a su rebaño en los Estados Unidos. En esa cercana ocasión le solicitamos a Francisco que visite a nuestra amical y muy querida paciente, lo cual lo hizo. Poco después los familiares nos manifestaron que tal visita fue un bálsamo para los malestares de la pacientita.

Irse en paz, hacia la luz

El caso que me motivó a escribir este libro fue el de mi hermano mayor, ya referido al inicio desde la introducción, y que ahora traigo a colación como complemento a lo ya expresado capítulo a capítulo. Diagnosticado hace cuatro años de un cáncer de colon terminal, fue enviado a su casa en condición de desahuciado.

Siempre de carácter muy reservado pero noble y, a la vez, enérgico y seguro de sí mismo, mi hermano nunca se doblegó ante el mal y en todo momento manifestaba "sentirse bien" (guardaba y ocultaba sus molestias a fin de "no incomodarnos", según sus palabras). Radicando yo en Florida, USA y él en Trujillo, al norte de Lima, Perú, la comunicación telefónica o vía faceboox por messenger muy frecuente, me permitió siempre estar informado de sus acontecimientos y su salud; cada viaje a Perú nos enrumbaba para visitarlo en Trujillo.

Cuatro años atrás, el recibir en Miami tan mala noticia sobre su cáncer ya muy avanzado nos tomó por sorpresa a todos. Viajamos de inmediato al Perú. Encontrarlo postrado en cama después de diez meses de nuestra última visita nos provocó tal impresión que, aún siendo médicos mi esposa y yo, no pudimos ocultar nuestro pesar. Decidimos llevarlo de inmediato al hospital; el paciente requería atención para hidratarlo y balancearlo desde el punto de vista hidro-electrolítico y proteico. Una vez logrado ello, inicialmente, se coordinó todo con el cirujano oncólogo para su intervención.

Por siempre, el estado de ánimo de mi hermano se percibía aún por teléfono y así lo confirmábamos con mi sobrina a la distancia, vía digital o personalmente al visitarlo. Hasta previo a su operación su actitud era pasiva, de extrema resignación con su mal, que por decisión de esposa e hijos no se lo habían informado realmente. Me correspondió ser quien le informe, previo consentimiento de la familia, del mal que padecía y de las posibilidades que tenía con la operación, el paciente se sintió apoyado y de la resignación pasó a una actitud de esperanza y confianza en la ciencia médica, pero sobre todo fe en Dios.

A la tercera semana, una vez estabilizado de su pésimo estado de salud, fue operado extrayéndosele una porción del colon. Con soporte familiar y médico mi hermano fue acentuando su mejoría no solamente del mal (fue sometido a varias sesiones de quimioterapia), sino también del aspecto psicológico. La actitud de positividad observada durante los cuatro años de sobrevivencia a la enfermedad, es clara evidencia de que tal actitud sí funciona. La presencia de la familia ante su lecho de muerte y, sobretodo creo yo, el hecho de haber recibido los Santos Óleos de parte de un sacerdote le permitió a mi hermano regalarnos con una sonrisa; se manifestó la frase de Santa Teresa de Calcuta: "La Paz comienza con una sonrisa". Falleció enfrentando a la muerte con dignidad, respeto y, sobretodo, resignación y "se fue" en paz hacia su "luz" que tanto aseguraba era su camino y meta.

Tips, consejos sobre Actitud Positiva

> La actitud positiva es aquella que adoptamos para afrontar todo lo que sucede de la forma más beneficiosa posible. Las emociones positivas actúan como un factor de protección ante situaciones de adversidad, optimizan la salud y el bienestar y ayudan a construir recursos personales. Los expertos aseguran que, cuanto más grave sea la enfermedad, más importante es un enfoque y actitud positiva ante ella, tanto para uno/a conseguir una mejor tolerancia al tratamiento, como para lograr mejores resultados terapéuticos; y fortalecer la tan anhelada resignación familiar. Según información reportada por la Universidad de Nueva York, el ser positivo ante un padecimiento grave o crónico mejora los síntomas y te permite vivir en armonía. El diagnóstico de una enfermedad, no sólo tiene un efecto a nivel físico; también se produce un proceso emocional que afecta al paciente si no afronta su situación de forma positiva.

> El momento en el que el paciente y la familia (y entorno amical) conoce el diagnóstico de una enfermedad es una de las fases más complejas en el proceso de curación y pronóstico. Para intentar asumir el problema y plantar cara al momento que se presenta, es importante confiar en los especialistas y pedir que faciliten una información veraz y objetiva sobre el tratamiento y la fase exacta de la enfermedad, así como las expectativas reales de recuperación. Todo ello, ayuda a que el paciente pueda aprender a gestionar y afrontar la nueva etapa, favoreciendo la lucha con un estado de ánimo más positivo.

> El apoyo familiar, las relaciones sociales y mas aún la estabilidad emocional de la persona, son factores determinantes a la hora de trabajar la actitud positiva. *"La desinformación puede derivarse en una aislamiento del paciente, lo que dificulta la actitud positiva y por lo tanto la recuperación. La persona optimista hará más caso a los consejos de su médico y se enfrentará con más fuerza a la enfermedad"* afirma el Dr. Ignacio Peláez Fernandez, responsable de la Unidad de Oncología Médica del Hospital Begoña de Gijón, España.

> La Sociedad Americana del Cáncer sostiene que mantener una actitud positiva es muy importante para nuestra salud en general. Concretamente, algunos estudios sugieren que podría desempeñar un papel importante a la hora de manejar los tratamientos contra el cáncer.

Una parte fundamental a la hora de hacer frente tanto a un diagnóstico como al tratamiento de cáncer es reconocer y aceptar las emociones y los sentimientos. Las personas con cáncer y sus familias pueden sentirse culpables por sus respuestas emocionales a la enfermedad. Pueden sentir la presión de mantener una "buena actitud" en todo momento, lo cual no es realista. Este sentimiento de presión puede venir de dentro de ellos, de otras personas, o ambos. La tristeza, la depresión, la culpa, el miedo y la ansiedad son partes normales del duelo y del aprendizaje para hacer frente a los cambios importantes de la vida. Tratar de ignorar estos sentimientos o no hablar con otros acerca de ellos puede hacer que la persona con cáncer se sienta sola. También puede hacer que el dolor emocional empeore. Algunas personas se pueden sentir culpables o se culpan a sí mismas cuando no pueden "permanecer positivas", lo que sólo aumenta su carga emocional.

➢ Siguiendo en la línea de la Sociedad Americana del Cáncer, muchas personas quieren creer que el poder de la mente puede controlar enfermedades graves. Esta es una creencia reconfortante que puede hacer que una persona se sienta más segura del riesgo de una enfermedad grave. Si fuera cierto, podría uno usar su mente para evitar que el cáncer crezca. Pero el lado inverso de tales creencias es que cuando las personas con cáncer no realizan bien la práctica del positivismo, pueden culparse a sí mismas de que las cosas no hayan salido del todo bien.

➢ Cuando las personas sienten que no pueden manejar o controlar los cambios que se producen a consecuencia de un cáncer, el paciente se angustia y eso reduce su calidad de vida. Hay evidencia, incluso, que demuestra que estados de angustia extrema se asocian con peores datos clínicos, tal como señala el National Cancer Institute (NCI). En los últimos años se ha hablado mucho sobre la necesidad de mantener una actitud positiva frente a las enfermedades. Incluso hay quien asegura que algunos enfermos de cáncer han mejorado gracias a su fortaleza y ánimo frente a la enfermedad. Hablamos de una relación directa entre las emociones y cómo predisponen para afrontar una dolencia. Los expertos lo denominan psiconeruoinmunología y se refiere al estudio de las interrelaciones fisicoquímicas entre la mente y el cuerpo, y sus implicaciones clínicas, desde una perspectiva interdisciplinar aglutinando diversas ramas relacionadas con la salud.

➢ Ante una misma lesión, el resultado clínico en una persona optimista y confiada en el tratamiento y en su recuperación es mucho más favorable. Por eso la relación médico-paciente es fundamental como trato a los pacientes, ya que favorece una predisposición positiva que redunda en su propio beneficio.

➢   Centrándonos en el cáncer, existen diversos estudios que han relacionado el estrés psicológico, es decir, una presión psicológica, física o emocional, con esta patología. Cabe señalar que una mayor presión, puede ser provocada por el padecimiento mismo y, a su vez, ser la causa del empeoramiento del mal. Según el NCI, se ha demostrado que las personas que usan estrategias eficaces para superar o manejar el estrés, como son las técnicas de relajación o la meditación, tienen grados más bajos de depresión, de ansiedad y de síntomas relacionados con el cáncer y su tratamiento.

Navegando en Internet encontré información muy oportuna en la página de mundopsicólogos, la que me parece positivo compartir mediante lo escrito por la Psicóloga Encarni Muños Silva[7].

"Normalmente cuando se recibe la mala noticia de padecer un cáncer hay un primer momento de shock en el que la persona no puede pensar y se muestra incrédula ante lo ocurrido. Poco tiempo después la persona se va ubicando y se va haciendo a la idea de la nueva realidad. Lo más normal es que aparezcan miedos, especialmente a la muerte, o a sufrir porque los seres queridos lo pasen mal en el proceso de la enfermedad. También pueden aparecer sentimientos de culpa o bien por no haber llevado una vida más saludable, tener hábitos nocivos para la salud o simplemente sentirse culpable por provocar dolor a los familiares y amigos. Últimamente se habla mucho sobre el optimismo y la actitud positiva en general. Desde hace unos años hay múltiples libros de autoayuda que se centran en mantener una actitud positiva para enfrentarse a las adversidades de la vida.

En psicología está más que estudiado que una actitud optimista ante cualquier diagnóstico de enfermedad con ayuda psicológica y apoyo familiar, es índice de buen pronóstico. Se sabe, y se ha estudiado científicamente, que quien tiene una actitud positiva luchará más que quien siente la derrota antes de tiempo. Por tanto, el optimista hará más caso a los consejos médicos y se enfrentará con más entusiasmo a la adversidad, mientras que el pesimista optará por una actitud pasiva que le llevará a una muerte prematura".

Se ha realizado un estudio múltiple en centros hospitalarios de las universidades de McGill, Montreal, Canadá y Clermont-Ferrand, Francia,

---

(7) Encarni Muñoz Silva es Psicoterapeuta, Licenciada en Psicología por la Universidad de Barcelona.
www.mundopsicologos.com

con el objetivo de investigar el papel del optimismo como predictor de sobrevida de un año en una población de pacientes con cáncer; es decir, saber si los pacientes más pesimistas tendrían más probabilidades de estar muertos un año después de su diagnóstico o no. Se seleccionó una muestra de 101 pacientes con cáncer de cuello y cabeza, con un promedio de edad de 58 años, sin otras patologías asociadas, con un diagnóstico en estado ya tardío y que recibieron el tratamiento habitual. Previo a este estudio se han realizado múltiples estudios científicos en Holanda barajando esta misma hipótesis en pacientes con el mismo tipo de tumor y los resultados han demostrado que las personas que son más optimistas, más auto-eficaces y con más ganas de luchar, los que cuentan con más apoyo familiar, con más relaciones sociales y más estabilidad emocional, sobrevivieron durante más tiempo y con mejor calidad de vida que los pesimistas, los que estaban solos y los más inestables o resistentes a la aceptación de la enfermedad.

Las emociones son relevantes para el procesamiento de la información que realiza el cerebro, ya que aportan la energía necesaria para la motivación, que es la que puede organizar, amplificar o atenuar la actividad cognitiva de nuestro cerebro. La unidad cuerpo-cerebro-mente tiene la principal labor de obrar en la búsqueda de la supervivencia. *"La persona es feliz no por un conjunto de circunstancias, sino por un conjunto de actitudes. Cuando podemos aceptar que la vida no es fácil, entonces, vivir ya no resulta un proceso tan costoso"*, nos lo explica la Dra. Neus García Guerra, psicóloga clínica.

Por tanto, se puede deducir que la actitud positiva aumenta la calidad de vida y alarga la vida. Aún no está demostrado que la actitud positiva cure el cáncer pero al menos esta manera de funcionar hace que el tiempo de vida sea mejor, con mayor calidad y por más tiempo. No obstante, hay que recordar que la actitud no lo es todo, también influye, y mucho, el estadio en el que se encuentra la persona en el momento del diagnóstico, el tipo de tumor que sea y diversos factores orgánicos que pueden afectar, como las enfermedades previas del paciente.

Para aprender más sobre la actitud y la supervivencia ante un mal, sin desmerecer sino razonar sobre lo ya escrito, inserto los resultados donde un grupo encabezado por el Dr. James Coyne[8], estudiaron el bienestar emocional de más de mil pacientes con cáncer de cabeza y cuello para

---

(8) *Dr. James C. Coyne (1947), Chelsea, Massachusetts. Psicólogo, Profesor de medicina de la Universidad de Pennsylvania desde 1999 y profesor emérito a su retiro en 2013. Crítico en el campo de la psicología positiva. También ha criticado los estudios que han concluido que los rasgos de personalidad están relacionados con un mayor riesgo de muerte por cáncer.*

averiguar si afectaba la supervivencia. Con el tiempo, los que marcaron un alto nivel de bienestar emocional no mostraron diferencias en el crecimiento del cáncer o la duración de la vida en comparación con aquellos con puntajes bajos. Basándonos en lo que sabemos ahora acerca de cómo el cáncer comienza y crece, no hay razón para creer que las emociones pueden causar cáncer o ayudar a que crezca.

El doctor James Coyne, director de este trabajo que publica la revista "Cancer", reconoce que éste es uno de los intentos metodológicamente más sólidos por demostrar la capacidad de la mente para influir en la curación del cuerpo. Es posible, admite, que estos datos no cierren este viejo debate, pero sí aportan importantes evidencias que desmienten la posibilidad de que el estado emocional repercuta en una supervivencia más prolongada. Eso sí, añade, eso no quiere decir que los pacientes con cáncer no puedan beneficiarse de otra manera de su estado de ánimo y que éste pueda hacerles afrontar mejor los duros tratamientos.

Sostiene el Dr. James Coyne: *"Si los pacientes quieren recibir sesiones de psicoterapia o participar en un grupo de apoyo, deben tener esa oportunidad, puesto que pueden obtener de ello un montón de ventajas sociales y emocionales. Sin embargo, no deben hacerlo si sus expectativas son únicamente que prolongará su vida".*

El artículo advierte de que a menudo estas personas sienten que no pueden estar decaídas, como por otro lado es normal tras el diagnóstico, y sienten el temor de que su actitud puede influir en el devenir de la enfermedad.

De hecho, la Psicología es una ciencia de enorme apoyo para un paciente y recurrir a ella ayuda no sólo al paciente sino a la familia y, por supuesto al médico, para afrontar el enorme reto que ofrece el padecer una enfermedad.

Anotamos algunas pautas recomendadas por especialistas que ayudan al paciente a conseguir mantener una actitud positiva:

1. Controlar la mente: evitar adelantarse a los hechos y pensar en qué pasará mañana; esto sólo causará angustia y preocupación. Mejor es ocupar la mente en realizar actividades que requieran de toda la atención.
2. Informarse: investigar todo acerca de la enfermedad para poder tomar mejores decisiones con respecto a ésta. La información es la mejor herramienta para resolver las dudas.
3. Rodearse de gente positiva: lo que menos se necesita son personas negativas que roben la energía. Por el contrario, visitar personas que se sabe van a contagiar de su optimismo. No aislarse.

4. Reir: la risa es la mejor medicina para combatir cualquier enfermedad. Disfrutar de la risoterapia para relajarse, conocer gente y sobre todo para potenciar los pensamientos positivos.

5. Celebrar: es importante festejar cada una de las mejorías, de esta forma se motiva a seguir con el tratamiento. Premiarse por el esfuerzo y tratar de ser uno mismo su mejor amigo.

6. Compartir, potenciar las relaciones: expresar los sentimientos con personas de confianza, no guardarse todo para uno y mucho menos hacerse el "fuerte". Es muy importante el desahogo para encontrar consuelo y ánimo en los demás. Una buena comunicación y relación estrecha con el doctor y los familiares aumenta el positivismo.

7. Terapia de grupo o asistencia a grupos de apoyo: una de las prácticas que más ayuda a los pacientes que luchan contra enfermedades como el cáncer, es escuchar las vivencias de personas que han pasado por la misma situación. Esto favorece a que tengan una visión real en la qué verse reflejados, lo que repercute asimismo, en la actitud durante el proceso de curación.

8. Practicar actividades físicas: dentro de las posibilidades o limitaciones de cada uno, es importante trabajar el cuerpo, para que este a su vez refuerce la mente.

9. Seguir practicando nuestras aficiones: padecer una enfermedad no debe ser un signo para paralizar la vida y dejar de hacer aquello que nos gusta. Por ello, en la medida de lo posible, es importante continuar practicando y disfrutando de las aficiones que ya teníamos o descubrir nuevas, para evitar entrar en un bucle de pensamientos relacionados con la patología.

10. Realizar ejercicios de respiración y relajación. Este tipo de actividades ayudan a trabajar cuerpo-cerebro-mente al tiempo, por ello es muy importante incorporar la práctica de actividades como el yoga o el pilates.

11. Acudir a un profesional de la psicología. Este punto es clave desde el inicio del tratamiento. Médico y psicólogo deben ir de la mano durante todo el proceso. *"Es aconsejable que el doctor explique al paciente desde el inicio, la situación que se le plantea a partir de ahora y conozca las expectativas de curación. A partir de ahí, es importante acompañar al paciente durante el proceso desde un punto de vista médico y psicológico, para que la persona pueda definir su perspectiva y potenciar la actitud positiva que le ayude a salir adelante",* aconsejan desde el Instituto de Psicología de Barcelona.

12. Los expertos inciden en que lo más importante es resaltar las posibilidades de éxito. *"Quien cuenta con una actitud positiva luchará más que quien siente la derrota"*, se concluye.

Para meditar: Como Conclusión

Llegar a este punto de lo escrito hasta ahora me resultó no muy fácil; pero tal como lo he venido manifestando, lo expresado son ideas y experiencias propias que se han tratado de poner en orden y en concordancia con lo que asegura o propone la ciencia y lo que exponen las llamadas pseudociencias. Es el lector quien tiene que razonar y sacar sus propias conclusiones de lo que se lée. La facilidad de acceder a información digital es que me permite el afianzar o aclarar mis dudas. Ideas que no hago más que transmitírselas. Lo que inserto a continuación es como conclusión pues son el pensar de personajes que por sus ideas perduraran en la historia como inspiración para las generaciones.

Mahatma Gandhi o Mohandas Karamchand Gandhi, (1869, Porbandar, India; 1948, Delhi). Abogado indio, político, activista social y escritor que se convirtió en líder del movimiento nacionalista contra el Gobierno británico de India, logrando su Independencia y por lo cual es considerado el padre de su país. Es reconocido internacionalmente por su ideas y doctrina de protesta no-violenta (satyagraha) para lograr el progreso político y social. A los ojos de millones de sus conciudadanos indios, Gandhi era el Mahatma ("gran alma"). La adoración y el apoyo que le brindaron las inmensas multitudes, que lo siguieron para verlo exponer a lo largo de la ruta de sus giras, les expuso a padecer un duro calvario. Gandhi apenas podía trabajar durante el día o descansar por la noche. *"Los males de los Mahatmas"*, escribió, *"son conocidos sólo por los Mahatmas"*. Su fama se extendió en todo el mundo durante su próspera vida y sólo aumentó después de su muerte. Mahatma Gandhi fue en vida y es ahora, a 70 años de fallecido, uno de los más reconocidos pensadores en la tierra. Según Ghandi las cosas sencillas de la vida son:

- ➢ El día más bello: hoy
- ➢ La cosa más fácil: equivocarse
- ➢ El obstáculo más grande: el miedo
- ➢ El mayor error: abandonarse
- ➢ La raíz de todos los males: el egoismo
- ➢ La distracción más bella: el trabajo
- ➢ La peor derrota: el desaliento
- ➢ Los mejores profesores: los niños
- ➢ La primera necesidad humana: comunicarse
- ➢ Lo que hace más feliz: ser útil a los demás

- ➢ El misterio más grande: la muerte
- ➢ El peor defecto: el mal humor
- ➢ La persona más peligrosa: el/la mentiroso/a
- ➢ El sentimiento más ruín: la envidia
- ➢ El regalo más bello: el perdón
- ➢ Lo más imprescindible: el hogar
- ➢ La ruta más rápida: el camino recto
- ➢ La sensación más grande: la paz interior
- ➢ El resguardo más eficaz: el optimismo
- ➢ La mayor satisfacción: el deber cumplido
- ➢ La fuerza más potente: la Fe
- ➢ Las personas más necesarias: los padres
- ➢ La cosa más bella de la vida: el amor
- ➢ El mejor refugio: Dios

Stephen Hawking, es una de las más brillantes mentes de nuestro tiempo y es conocido por su trabajo en física teórica, nació el 08 de enero de 1942, en Oxford, Inglaterra. Desde niño pequeño, quería estudiar matemáticas, pero una vez que comenzó la Universidad, estudió Ciencias Naturales. Durante su primer año en Cambridge a la edad de 21 años, Hawking comenzó a tener síntomas de una grave enfermedad degenerativa progresiva llamada esclerosis lateral amiotrófica (ELA). Los médicos le dieron dos y medio años de vida. Dotado de una mente prodigiosa Hawking nunca se dió por vencido, pensando en forma positiva no permitió que estos desafíos de la vida lo detuvieran. Él continuó estudiando.

Hawking obtuvo hasta doce títulos honoríficos, creó nuevas teorías científicas dedicando su vida a la búsqueda de respuestas sobre el universo y el Big Bang. La progresiva enfermedad le fue privando de la capacidad de movimiento; primero no podía caminar para luego, poco a poco ir perdiendo la fuerza muscular en sus extremidades postrándolo a una silla de ruedas, hasta impedirle el hablar y mover un solo músculo corporal. Sin embargo, mientras se limita a una silla de ruedas, siempre ha encontrado maneras de inspirar al mundo con la gran ayuda de la tecnología digital adaptativa. Animándonos a buscar el misticismo en las estrellas, Stephen Hawking nos dice: *"No olvides mirar siempre hacia arriba, a las estrellas y nunca hacia abajo, a los pies. Nunca abandones tus metas, tu trabajo. El trabajo le da significado y propósito a la existencia y la vida está vacía sin ello. Si eres lo bastante afortunado como para encontrar el amor, recuerda que está allí y no debes lanzarlo lejos".*

A lo largo de su vida, Hawking ha enseñado, investigado y siempre se ha dirigido al mundo con mensajes hermosos. Una vez dijo que sus expectativas se redujeron a cero cuando le dieron el diagnóstico de ELA. Desde entonces, todos los aspectos de su vida habían sido un "bono" hasta su muerte en Marzo 14, 2018; sostenía que *"mientras haya vida, hay esperanza"*. Durante una conferencia en enero 2018, en el Instituto Real en Londres, Hawking hizo una comparación entre los agujeros negros y la depresión, dejando claro que ni de los agujeros negros o de la depresión son imposibles de escapar: *"El mensaje de esta conferencia es que los agujeros negros no son tan negros como se pintan. No son las prisiones eternas como alguna vez se pensaba. Las cosas pueden salir de un agujero negro hacia el exterior y posiblemente a otro universo. Así que si sientes que estás en un agujero negro, no te rindas; siempre hay una salida."*

Stephen Hawking no era un hombre religioso. No creía en Dios, creía en las leyes científicas. Sin embargo, sí proporcionó una clara definición científica de Dios y argumentaba que podemos conocer *"la mente de la deidad"* ya que *"conocer la mente de Dios es conocer las leyes de la naturaleza. Mi predicción es que conoceremos la mente de Dios al final de este siglo"*, escribió. Los dictados de la naturaleza podrían ser una definición de Dios, Hawking lo admitió, pero él no vió esto como prueba de la existencia de la Deidad, simplemente una descripción de un Todopoderoso, impersonal que realmente no decide qué cosas salen o juzgan en nuestras vidas personales. "No tengo rencor contra Dios", explicó Hawking. *"No quiero dar la impresión de que mi trabajo trata de probar o refutar la existencia de Dios. Mi trabajo trata de encontrar un marco racional para entender el universo que nos rodea."*

Con esta declaración, las ideas de Hawking procedieron a hacer precisamente eso, explicar la "receta" para el universo y cómo llegó a crearse.

Finalizo con este párrafo encontrado por allí, indagando en Internet.

> ➢ La Filosofía es como estar en un cuarto obscuro, buscando un gato negro.
> ➢ La Metafísica es como estar en el mismo cuarto obscuro, buscando al gato negro, que no está allí.
> ➢ La Teología es como estar en el mismo cuarto obscuro, buscando al gato negro, que no está allí, y además gritar: "Y lo encontré !", para tratar de convencer a los demás.
> ➢ La Ciencia es encender la luz, para ver que demonios existe en el bendito cuarto.

Así de simple es la realidad de lo que hay entre la vida y la muerte. Una luz que nos lleva hacia el infinito, nuestro orígen y destino final. Nuestra misión en la vida es compartir con los demás los dones que se nos dió, superando con amor y a veces sacrificio lo que nos afecte a sabiendas que cuentas con el apoyo y el grato recuerdo, de aquellos que apoyaste o el olvido si no lo hiciste. Todos enfrentaremos el "umbral", en las mismas condiciones sin llevarse nada como equipaje; sólo la felicidad y la paz de haber compartido con amor (si lo hiciste) con nuestros semejantes durante la vida terrenal. Sensaciones que se percibirán ante la luz, en viaje al infinito, con mayor o menor intensidad de acuerdo a nuestra actitud que desempeñamos con uno mismo y con los demás, durante nuestra efímera vida terrenal.

www.ingramcontent.com/pod-product-compliance
Lightning Source LLC
Chambersburg PA
CBHW050951050726
47592CB00007B/2521